歷代神仙通鑑 (五)

林屋琰樓秘本

〇〇〇　孫廣田訪道南州　〇〇〇　宋少室分司四嶽

江夏明陽宣史徐衢述
汝南清真覺姑李理贊

二劍各長二尺、背上有銘云神劍御除眾毒隨四時而變、

五色凡遇不測軰輙在匣吼躍常置於側漢將鍾離離權道

旣成天詔封號太極左宮真人、或現或㓜隨魏及晉仕為

大將鎮守代郡半其姓名曰金重見軍中了頭坦腹手搖

棕扇自若赤面偉體龍睛虬髯烏桓匈奴不戰而屈中原

默受其佑及晉帝驕奢縱養夷患鍾祖見北運將興遂解

〇金重見

神仙通鑑〇卷十一第一節

印去壬寅夏亢旱百姓曰聞仁德動天陽平元城束皙廣

微蹙遠近播其仁厚群姓請之皙齋戒禱告滱史大雨如

注三日不息萬物回生民歌曰

束先生通神明請天三日甘雨零我黍以育我稷以生

何以酬之願束長生

帝擢為著作郎明年三月帝朝會問三日曲水之義皙曰

周公成洛邑因流水以汎酒故逸詩云羽觴隨波又秦昭

王以三月置酒河曲見金人捧水心之劍曰令君制有西

友二漢相緣為盛集帝以皙為尚書郎后父楊駿至皙第

訪道行之士欲引為己用皙曰蘇門山孫廣田當世異人

也、駿曰、非善冑之孫登乎、即悅、皆往迎、登慨然就道、既至見駿問訊不答、駿見其衣單遺以布袍、纔出門、就人借刀斷袍上下異處、置駿門下時、訊為狂、知駿當斬、故洛下名士知登咸遣訪問、登終不語、竊語皆曰、腥羶氣不惜聞、欲入東南避之、駿錄之不放去、登乃空死、駿使斂之、後數日有見登在董馬坡、寄書與故人皆旋、道去、皆稱夏統御字仲嚴青之徒、為母病詣洛市藥、會上已賈充引舡與語勸之往、儇首充令妓女盛服繞舡三匝、統危坐視之、邈如充悵然曰、此吳兒木腸石心也、是冬、孫皓祖甲辰五年天變屢現帝因水旱遍訪異人、時葛孝先南同常乘猛虎入城市

東海有人寄書至呼先為仙公世隨稱之是秋偶遊洛

有人秦言仙公能乘虎使鬼召至賜坐曰百姓方思雨寧

可致乎公曰易得耳書符著社中俄頃晦暝大雨滂沱三

尺帝以錢十萬賜之公領去散投大井中使貧人掌一器

於井上呼錢出水一一飛投器中器盈則止苟富足者戲

呼錢無出者仙公至汝南遇一神凡過者離百步下車

否則有警公命車直趨火風續起塵埃蔽天仙公怒曰小

邪敢爾書一符令從者投廟中廟屋自焚過武康見一人

鬼神家病作請巫祀妖邪邪附巫者與仙公飲公故不飲邪出

悟怕語不遜公屬解此之命五伯掘邪頭附柱鞭背出血伏罪

◎上人、

◎蛇精、

◎屈家女二

乃止又過華陰見一士人溺於蛇精仙公化作田夫驅黃
犢而耕因說士人曰汝婦蛇精也前後啖人無數乃引看
一古井其中白骨盈積士恐甚教窺其迹士歸家密窺果
蛇公禁而斬之以一符與士服瀉下蚯蚓蝦蟆之類遂得
生仙公在荆門軍紫蓋山修煉值天寒大凍仙公跣足衣
衫襤縷屈家二女偶見憐之畜夜促成雙履次日往獻公
已去但存爐灰尚溫二女撥灰得丹一粒姊妹分服自後
神氣沖沖不飢不煬仙公嘗於西峰石壁上石臼搗藥遺
墜一粟許飛禽食之不死月白風清之夜其禽猶作丁當
杵臼之聲因名搗藥鳥仙公遊吳南武城江即松投成丹於

一月二矢
弗能射也。
之酖飲。既醉高卧雲深處。酒醒雙鯉化為石
鶴翳雙跨
何以飛遊
貞正火符
味之珍之。

水中湧泉五色琴高在東海聞仙公得道跨雙鯉來訪與

之酖飲。既醉高卧雲深處。酒醒雙鯉化為石仙公贈以雙

鶴翳雙跨之而還有客從仙公泛丹見囊中有十數符客曰符

之驗可見否公以一符投水中逐水而下客曰常人投之

亦然復取一符投之逆流而上客曰異矣復投一符不上

不下停於中流須臾上符下符會一處良久收之水濱蠻

大魚者謂之曰欲假此魚到河伯處漁者曰已死矣曰亦

可以丹書紙納魚口中投水躍然而去見者驚異一時從

遊甚眾鄭思遠少為諸生善曆律星緯亦從學道仙公盡

受其正一法文三皇內文五嶽眞形圖太清金液洞玄五

◎◎
鄭思遠

符思遠遂入盧江馬迹山修煉仁及禽獸所住山有虎生

二子山下人格得虎母虎父驚逃虎子未能得食思遠見

之將還山舍養飼虎父還尋亦依思遠後思遠每出行乘

騎虎父二虎子負經書衣藥以從於永康橫橋逢相識許

隱煖藥酒以飲虎拾柴燃火隱患齒痛從求虎鬚欲及熱

插齒間可愈思遠爲拔之虎伏不動思遠道既成復至句

曲晤仙公公曰將遊會稽未能即返吾之後當有學道者○

子可悉以授之八月十三日中便行至期公衣冠入室臥

而氣絕色不變弟子燒香守三日夜半忽大風發屋折木

聲若雷震良久風止公屍已失但委衣於床帶無解者公

○葛存

○周壽陵

○白仲都

子葛存葬衣冠於句容思遠諸弟子皆去初孫登假死遁

回欲與王烈嵇康同遊二人時與上成公石坦結伴雲遊

去矣蘇門山洞有道士周壽陵借居煉丹登獨投南過廬

江遇思遠投機欲邀之偕行思遠曰客歲有傳先生同師

兄白仲都預訂明年北遊雖凉不欲爽約登不之强別至

江口同渡有四人皆野服道貌問之乃毛伯道劉道恭謝

稚堅張兆期向在王屋學道為立功行至中原度世已久

知將亂避跡江南因見登深相結納蓋在蜀中曾會藥長

應

生故知登名遠渡江同行尋真訪勝一山之陽有茅亭竹

檻清泉環抱傍以亂石作塘止過澗水岭深有基堎墻垣醬

尚可識處

有一人乘小舟遊戲其中小童舡尾把槳輕蕩、其人悠悠

自得扣舷而歌、

清池帶雲岫長林鬱青蔥玄鳥翔幽野語言出從容鼓

檥揚神波籍首乘晨風未獲解脫期逍遙丘林中

浪神九垓外研通遂全真戢此靈鳳翔藏我華龍鱗高

舉方寸物萬吹皆垢塵頹哀朝生輩孰盡汝車輪

遊空落飛颷虛步無形方圓景焕明霞九鳳唱朝陽揮

翩翩天津菴露慶雲翔遂造太極微挹此金黎漿逍遙

玄垓下不存亦不亡

駕欻舞神霄披霞遊九日高皇齊龍輪遂造九華室神

○郭璞

十太傅魏

郭四朝

虎洞瓊林香風合成一開闔幽宴下、靈變玄滅迹、

眾口稱讚、山靜聲高孫登嘯而出曰道長能同載一談矣、

其人恭立舡中指童傍崖迎曰舡小不勝且至茅亭請教、

入亭禮見次坐籐床故問姓氏畢自叙曰燕人郭璞太傅

魏魏之孫始皇時得道歷秦漢魏晉四朝故號郭四朝少師

展上公於化龍池上公定是老君自稱於高辛時但植李

樹彌滿家山結子為食就教者連繹不絕上公常白諸仙

侶曰昔在華陽山下食白李甚美憶之未久忽已三千歲

我事之日深上公欲舉為九宮右保司自知功行未立辭

以未能授職乃來句曲山南遍種五果時進獻上公上公

1804

李都埋也
木之子也
奈肯奈也
耐也與嗣
所謂果珍
李奈深知
道義

遺書曰此地善可種奈所謂福鄉之奈可以除災厲避瘟其

教廣種奈於山陰命童子提筐采少頃洗净扎以奉客

因問今將何適眾答以雲遊無定四朝日極欲追隨但上

公有言司馬氏與郭氏得仙者甚眾分司四方不得擅離

位次故雖有志而未追焉五人留連數日期以後會至丹

徒而別過吳會渡錢塘既涉桐盧至信安之交西鄮曰姑

蔑秦口太末山環水遶百越之衝有二人一提青竹筐一

漢曰新安

荷金鴉觜在山採藥劉道恭因招與語云是剡縣劉晨阮

肇永平中採藥天台偶過二女留十日及歸鄉邑零落已

逾七世始知身入仙境乃往尋覓經二百餘年絕不得見

佛祖尋登 八卷十一 第一節

六

在藏

○朱孺子有永寧朱孺子幼師道士王玄真居大箬巖常登山巔採

芝术上玄真黃精服餌歷十餘載一日就溪濯蔬岸畔見二小花犬相

趂異而逐之俱入枸杞叢歸告玄真偕往伺之復見二犬

戲躍逼之馳匿杞樹下玄真採得二枸杞根形如花犬堅

若石洗淨攜歸煑之孺子盖薪看火三晝夜不離竈側試

嘗汁味甘美取嚙不已及見根爛始告玄真共食俄頃孺

子忽昇前峯謝別乘雲而去今號童玄真復餌其根盡隱

於是巖之西陶山有採捕者時或見之我二人但幸不飢

聞有此飛身之異潛至陶山伺候適孺子來會玄真因出

褰衣求度孺子言服杞精不過一時之遇非有煉石燒金

之法也哀懇不已遂引至此、即鄞之武陵山有桃萬樹
三國為羅陽晉為永嘉安同
名蟠桃古田春時望之如霞有虎不齧有蛇不螫上有龍
漱每旦雲氣一縷浮空所向之方即雨覩此神龍馴虎蟠
本靈蛇頗覺此心安泰第未知仙緣何似耳適有人至坡
前招呼劉阮曰朱道友至矣五人趨見乃俊貌童兒孺子
曰昨往陶山會師言天台王君次子諱順者按臨此問石
室山稽察遊散仙道今早吾師詣過此未受職者禮合晉
見故來相約八人同至石室見上標額曰青霞洞門步出
一人眉目清揚知是王使君眾待拜見王君迎入謂曰僕
奉父命為劉阮二君塵俗將離仙緣可續特來招之眾向

七

至矣

劉阮稱賀二人喜不自勝、別眾同順自去時太康丁未八
年諸人見此山幽辭足可娛樂亦不願他適或撫琴自樂
於清流或訪友奕棋於翠石逐利貪夫驕痴俗子鮮能踪
跡至此時有二鶴飛來棲止不避是冬大寒地凍夜聞人
語云今歲不下堯崩年登茱爛視之唯二鶴相對拳足立
床側知是永壽靈禽善調養之遊行必隨更相以為乘騎
謝張酷愛圍棋聞句章招寶山半有棋子坪凡欲取棋子
者先以白飯撒之翼可得白子次以黑豆撒之可得黑
子如法取回終日對奕王子順引劉阮至天台入拜靈王
后妃王君夫婦次與諸舅相見然後青衣女童導入舊遊

管城子

處風景依然，桃花迎笑二女倚檻乎曰、郎君以塵世之樂

為樂矣何復念此清苦耶。二人施禮陪語侍女排宴對飲

各叙舊情子順為各行末立拜辭王君將遊藝中原於南

山伐疎節細幹修竹干截聚兔巻狼尾之銳毫積材選料

造成良筆遂扮作筆賈負囊出山謂昔毛穎管封管城自

號管城子渡江北至嵩山登緤嶺之巔追慕月夜吹笙風

致忽一官夾伺於旁曰奉中嶽太清眞人命敢邀會語管

城至少室宋君冠佩迎入曰王孫懷舊來此不忘本矣有

事上賣未識可否管城曰惟命宋君曰中土五嶽皆有主

尊居守外得百靈佐輔一司情職案牘山積東嶽為中界

主宰摠閱百揆賴東鄉司命茅眞君深任其勞分理清整

可稱良佐四嶽各立一首司以兼眾職爲考功糾過之長

南嶽向有大明彭眞君今欲歸老武夷興河南柳融北嶽

有北海長桑君將遊行宇內薦瑯琊王剛西嶽有太白仇

先生辭省尸鄉推洛陽葛越管薦賢自代管城問三人何

子能堪任此職宋君曰融嶷南極子曾師趙炳能含粉成雞

子吐數十枚爇噉之無異黃中但餘少許粉咒杯成龜黃

之可食腸臟皆其食肉殼還成杯咒水成美酒飲之醉人

舉手即生大樹折其細枝刺屋以漸乾萎後服雲霄丹得

道王剛幼從李少君學感通之文後師太陽子明補養之

天門子

能此有功

黃盧子

要故其經曰、陽生立於寅、純木之精、陰生立於申、純金之
精。夫以木投金無傷不傷、故陰能疲陽也。陰人著脂粉者、
法金之白也。是以真人道士、莫不留心注意、精其微妙、審
其盛衰、剛行此道二百八十歲、有童女色、號天門子。後服
珠緼珠醴、得入玄洲、葛越居東邑、讓信鬼神、適長桑遊洛
越、求授神方、能治百病、千里寄姓名治療、皆愈不必見病
人也。更名黃盧子、復得氣禁之術、虎狼百蟲皆不能動、飛
烏墮地不能去、水為逆流、年及三百、力舉千鈞、行及走馬。
頌上常有五色雲氣、高丈餘、大旱時能入淵召龍數數、如
此。一旦乘龍、與親故話別、仇生招居太白、自與昌容遊行

樊子明獨倫久用不能展足雖有小徒樊子明奚堪巨任王孫美

質圄為敏達百事猶宜歷練耐理百年則超位上品矣惟

既厥心惟慎厥事。

葛仙公井底飛錢以濟貧真是妙用其隨處除邪滅怪

累行積功故其孫克繩祖武。

劉阮間隔二百餘載再續仙緣相遇時不知如何叙潤。

管城出山即為宋君求代已職乃折入同亮懇留反央

葛越代從嵩山而管城遂為西嶽之佐雖仙真之事蹟

紆迴足見文章之變幻。

〇〇植杏林董奉行醫　〇〇占天象尹思煐羽

管城曰小子毫末耳何敢遽守是職且有毛錐子千頭尚

未出貨將假此漫遊兼慕青藜術意桑扁不住於世今所

授有人當往拜求事畢敢奉尊命宋君知不能留厚款以

期後睭管城恩洛陽都會近在咫尺乃頁筆投諸顯宦索

價每枝一金累少分毫弗與京師少年澆薄嫌其價昂晒

其固執有真識者奇其語如數與之藏筒中歲餘故視有

神筆

煒與子弟書之初學者逐能成字素醜者忽化而妍開者

爭欲往買筆頍已不知去向管城至華山數月盡得黃盧

之道將辭歸嵩嶽受職太素真人周亮自秦隴來朝西嶽

江淹生花
之筆必是
管城夢授

會見管城自通世誼言受師尊指教未報況長豈可遽別

管城言有宋君之約致彼懸望亮曰新得轉念旋化之法

願以為贈既欲踐所約不若邀萬君作中嶽之遊兄可留

守華山之任則宋君得以有代亮得親炙於兄矣黃盧欣

然曰周眞所處誠為兩便即土素元發奈見大明眞君曰

越願遊學嵩山恐曠厥職謹薦容卿管城子才學兼優足

領此任眞君不之許三請乃允命管城上殿朝儀嫺雅間

答審詳周亮在旁保舉遂命代掌管城析理庶務眼則與

亮論道從此道術益深移治於少華將所積筆償作五色

金丹濟一方生命時有鑑屋李夏陽少喜道術聞昔方回

多術遂亦號之以𧆛有過欲東出開以遊知管城施教乃

入山從之得受蒸丹餌水之法時太康十年冬、五嶽曾計

君民禍福管城知華夏將亂犯此却數誅不能挽回先令

方回下山待世稍清復行濟渡退隱輩陰不出方回知

學問不足入蘇門受周傳陵丹霞之用五十年精心內視

始得仙道宋君既得爲越求代令移太室自即飄然徵服

獨遊迄高唐鳴石山見其山石高可百餘仞扣之聲甚清

越盤桓不舍有田宣者隱居巖下每見一人著白單衣徘

徊巖上及曉方去宣捫石潛伺傍晚復來出牽其袂間之

王中倫 言姓王寅中倫周宣壬時入少室修真偶經此山愛石清

菁蓮

晉敬康留穩宣力求養生術遂遺一石知雀邪宣方視石
其人已不見宣念此石可百日不飢時值遂荒而宣儻無
惡時建業西城地產青蓮兩朶聞之有司掘得尾棺開見
一僧花從舌根頂顋出詢及父老曰老僧名青蓮誦法華
經萬餘卷遺言曰以尾棺葬於此地遇故棺曰國主委亡
也翠朝造昇元閣於庚戌夏晉帝崩壽五十五在位二十
世上後改尾棺寺　　　　　　五年廟號世祖武章
襄即位爲孝立賈氏爲后女克改元永熙立遹爲太子賈后
荒淫于政而爲楊駿所抑后令楚王瑋以兵入朝撟駿
又族誅廢太后爲庶人湜縣有一狂人書曰雨火被地衣
哉秋蘭辛爲逝死　　　辛亥改元元康微波南王亮爲太宰

曰汝南　亮正
曰晉惠帝
△曰賈后
太子遹
永熙
楚王瑋
元康

四
張華

陸機

衛瓘為太保楚王瑋誣亮瓘將謀廢立后令收斬之尋悟

矯妄欲除之賈諡進言張華智謀即召問華計執瑋斬之

拜華為少傅字茂先燕國方城人奸黠人才雅愛書籍徙居載書三

十乘博物洽聞世無與比時武庫封甚密檢視寶物忽有

雉雊華曰蛇所化也眾視雉側果有蛇蛻焉吳郡臨平岸

崩出一石鼓搥之無聲郡守進獻帝問華曰可取蜀中

桐材刻魚形扣之則鳴依言行之聲聞數里有人得鳥羽

長三丈以示華華憮然曰此野鳥出則天下兵起於陸機座

中見魚鮓曰此龍肉也賓客未之信華曰試灌以苦酒果

五色光起眾始服嵩山北有大穴莫測其深每歲民遊於

荊州記卷十一第二節　　　　三　　　舊戴

上一嫂悮墮穴中同輩冀其不死投食於穴嫂巡穴行十
許日忽曠然見明有艸堂一區有二人對局下有數柸食
飲嫂告以飢渴蓁者與之飲飲畢氣力十倍蓁者曰欲留
此否嫂答不願蓁者教從西行數十步有大井中多怪異
慎勿懼畏可投身井中自當得出嫂如言入井蛟龍見嫂
輒避有物香美如青泥食之之了不飢半年許乃出青城山
得歸遂下往問張華華曰此仙館丈人所飲者王漿食者
龍穴石髓子其得仙者乎遂却往尋洞不知其所或問華
何所而知華曰玄中記云青城有洞分爲三道西北通崑
崘直東通林屋東北通嵩山茅君傳云青城是九仙寶室

之夫周廻二千里入山十里得至洞天也華常見斗牛間

有紫氣聞豫章雷煥妙達緯召至問之煥曰僕察是寶

劍氣爛於、天耳華曰君言得之少時有偑者言吾年出六

句位登三公當得寶劍佩之因問應在何郡煥曰豫章豐

城華曰欲使君為宰密薦之可乎即補豐城令煥至縣掘

獄屋基入四丈餘得石函晶柔非常中有雙劍以南昌西

山北巖下土拭之光芒艷發其夕紫氣不復見煥送一劍

并土與華留一自佩華寶愛之常置廳側華以南昌土

不如華陰赤土令以一器與煥報以書曰詳觀劍文乃千

將也莫邪何復不至雖然靈物終當合丌煥得書以土拭

張遐

尹思

賀城

劍倍益精明候謂使人曰本朝將亂。張公宜隱如其不免

此劍當掛徐君墓樹靈異之物當化去不永爲人服也煥

丈少喜占星象有安定尹思從西醫耆域精學分野煥

往從盡其傳思字小得術放遊東南言廣陵有天子氣或

以此上聞武帝封皇孫遹爲廣陵王以應之甲寅冬求遊

中有異物否難曰今年令當大水中有人披簑帶鑕思曰

洛陽華曾聞煥言遣少子遹從學乙卯元宵思使遹褪月

乃帶甲持矛當大亂三十年後廣小清耳難記其言耆域

天竺人周流華戎思欲從遊海外域曰張少傅忠貞淵傳

憎乎將遭滅族子姑寓此未可使之斬後西方帶來隱眞

烏羽一枚留寄于處俟危急可用域南至襄陽飲附載過

江丹子見服異面陋輕而却之舡未達南岸舉師已浮漫

前彷舟人方驚怪岸上有兩虎咆哮奔至域手摩其頭邪

耳而去更以為神咸上岸追問域走入大樹中借木道至

襄陽歷新郡東渡洞庭之杪登建昌抵豫章投北遊行訪

道董奉自侯官還廬山有人病癩垂死載詣叩頭乞哀奉

使坐一戶內五重布掩其目使勿搖動勅家人莫近良久

解病人之中以冰與飲家人問之病者曰一物來舐通體

赤精甚痛虔其舌尺許氣息如牛二十餘日皮生瘡愈身

如凝脂後值大旱百穀焦枯縣令丁士彥謂綱紀曰董君

必能致雨自齋酒脯請見奉曰雨易得耳但貧家屋漏見

天雨至何堪令回當為架好屋明日星成當塗泥匠者欲

作泥奉曰不煩運水曰紫自有共牧果大雨高下竹足奉

居山虎水治病不取錢物重病愈者使栽杏五株輕者一

株數年計得七萬餘株鬱然成林羣獸遊戲樹下艸不生如

耘治每杏熟時作一篅倉語時人曰欲買杏者不須求報

逕自取之將穀一器置倉中即自取杏一器有納穀少而取

杏多者即有虎逐之恐而走多取之杏必傾去虎乃還有

偷取者至家恐死急送還即即活自是更無敢欺所得之 神矣哉

穀賑救貧窮供給行旅歲消三千斛氣尚有餘丁縣令親

丙　大白龜

○乾妻

○養女

故索有安為精邪所魅醫不能治語奉司君能愈之當以
此女徒巾櫛奉召勒諸癩有大白龜丈六尺陸行諸病者
門奉使斬之病即愈遂以女妻之久無見息奉每出行妻
不能獨居乃買一女伴之西度人耆域謂奉仁慈深相勢
合邀遊諸名山至峨眉太乙留飲知其功行乙深欲聘為
仙醫大監時蘇眈為澄虎真人在峨眉主持醫監太乙念
其獨任勤勞倩域諷問來遂慨允即授碧虛真人與眈為
左右院長域自回天竺奉既領斯職辭歸料理家事至廬
山西宝與妻女說知令其好生度活不時回視也竦身入
雲婦女見奉白日飛舉仍守其宅清齋靜處賣杏取給有

昔江淮間
有妖工軾
名短孤名
域口中有
弩形念沙
射人影報
泉疫疾服
蘇公稲葉
并水薑公
救病種吉
殺白通功
德相芳

城東少年

孫殷

周處

陸雲

黃耳

欺之者虎還逐如故越五年奉歸骸以養女嫁城東少年

永嘉中摯妻至帨眉晃居後先生宅址建祠吳顧帝亮之

孫殷子殷感救父延宗之德令人廬種杏於溧山之絶頂名仙
山兩辰春張華為司空與陽羡周處為御史中丞子隱

少孤不修細行時南山有白額虎長橋下有蛟鄉人并處

自為三害處聞之乃入山射虎投水斬蛟從陸機陸雲受

學砥節礪行州府交辟為太常陽羡離墨山頂大石自立

斷蛟伐虎孫皓遺處封為南嶽改名國山因刻碑頌德處見國勢日

壞以不能言事為張吳亡入晉皓俎始受晉爵後討氐羌
獨圍處孝子

陸雲間二陸少時入洛張華表機為中軍補雲為浚義

令有犬曰黄耳性黠慧解人語嘗作書以竹簡繫項令

馳歸復得還報，松江城南，雲將宿故人家迷路，忽草木有〔有黃瓦礫〕

光趨至一家，一少年美風姿，共談老莊，辭致深遠，及曉辭

至友家言之，云數里無人居處，卻復尋至，乃王弼墓云玄少察慧，每言天人之際注老

子指畧致理，注周易有高麗語，誰見弼著述，服其高逸理殊進與談者輒勝弼字輔嗣

南兗陳壽師事周聞華受才出果山至洛官中庶子國志撰三

丁已王戎為司徒賢拔皆虛名人阮瞻性靜寡欲戎問

曰聖人貴老莊明白然其旨同歟瞻曰將無同即辟

為掾史不信陰陽素執無無人不能難瞻從弟修好易老

凡與談言寡而旨暢亦論鬼神事以為無有言見鬼者生

主術

藥廣

庾愷

謝鯤

裴頠

曰董京

二孫楚

言屢修笑曰人死既為鬼豈衣服亦有鬼邪瞻著無鬼

論有客與論甚苦客作色曰僕即鬼也何謂必無忽起立

被髮吐舌示現鬼形倏不見瞻大驚悟自後每向人矯正

前非咸始知恐戒從弟衍為尚書令樂廣為河南尹皆喜

鯤論通鑑而有高識好老莊而淡榮利二人雖與衍相談

清談宅心事外庾愷有遠韻及讀老莊謂與人意闇同謝

悠然獨處而衍之妙善玄言傾動當世僕射裴頠乃菁崇

有論以矯其敝初有董京有蘭　與龐西討吏至洛被撥

道逸吟咏常宿白杜中蔣作郎孫楚太僕王濟渾數就社

與語京曰公等文勝於質惟外黃范喬悄悄率道情將去

世子亦隨歸後數日遂去於其寢處尋之有一石竹子詩

二篇

乾道剛簡坤體敦密芒芒太素○是則是述末世流奔以
文代質悠悠世事執知其實逝將去此至虛歸我自然
之室○

孔子不遇時彼感麟乎麟乎胡不避世以存眞○

回范喬

范喬二歲祖馨臨終以已用硯遺之○五歲祖母以告喬執
硯涕泣請學九載學成處世寬厚未嘗議時人士大夫

一祖馨

咸敬之至是戊午八年卒已未○太常質謚特中宮矯貴謂

一祖母

△王惠風

太子遹免為庶人太子妃王惠風字進賢次女通被厲衛上表

趙王倫

齊王冏

永康

離婚令女別嫁惠風顯隨太子出徙夷中賈后以藥酒殺

遹趙王倫齊工冏問攸勒兵入宮廢后奉疴華頴謚等誅夷

其族倫自為相國永康初華少子韙驚告父曰中台星折

大人宜早去位免禍華曰天道玄遠惟修德可弭次日韙

見尹恩恩曰數定不可逃也乃授烏羽曰臨難毚揀巾幘

有黪吾將東遊淮揚未數日兵入收華韙依教捕詢閭府

被擒獨韙若無見者隨父至市曹見家人斬盡不能措救

於箱篋所著博物志十篇華既誅千將忽失其蹤雷煥見

惟仰天痛哭眾以為鬼號也籍其家囊無餘貨惟文史溢

大星墜闖越間尋至延平將樂縣界隊止處成一大穴煥道

1828

雷煥

辛后 △△

永寧 △△

曰此地五百年後當生大賢歸語子煥後可葬我於此以
見其占驗未幾卒煥從命葬之煥後為江州從事持所遺
莫邪劍行祭墓所渡延平津劍忽躍起墮水使從人役水
取之、但見兩龍各長數丈張舞於淵從者懼而起少頃光
芒映水波浪沸騰煥歎曰先君化去之言張公終合之語
俱驗矣趙王以金屑酒殺賈后立羊氏為后辛酉倫簒位
以帝為太上皇改元永寧殿上突來一異鳥驅之不去忽有素
哀小兒言是服劉鳥來自龜山倫怒令拘繫明旦失兒鳥
所在瘡時以為妖齊王冏徵諸鎮討倫大破之廬為庶人
迎帝回洛陽張題上書自父冤贈諡文廣詔題為中書郎

不受雅與張翰善任達不羈壬戌改元賜倫若酒自盡齊

王驕恣橫張翰主簿顧榮切諫不納好問則智為自用則

愚也

茂先博洽惜未能明哲保身而蒼域已先知之較之文

學之智尚在寧通之下○

濟世種杏穀救貧立法更佳宜譯真人之位蘇晩攝

井董奉杏林恰是一對故授職亦同○

尹思非能救張翰也趙自救耳觀其終身不仕視勢利

如泥塗真高士也宜為張翰之友若稽侍中未能望其

項背、

○梓潼君證果劍川　○拓跋氏攜歸天女　焉哉

張翰見秋風起思吳中蓴羹鱸膾之美歎曰人生貴適志

耳須富貴何為欲命駕南歸適來言中原禍亂已見方象

不可沉溺其間翰遂調榮執手曰欲揀南山之薇飲

　此老終當就近。

三江之水何能覊官數千里以要名爵乎三人相與引去

時秘紹為侍中會稽賀思令善彈琴嘗坐月下鳴絃忽有

偉人在庭稱善曰子秘也卿下手極快古法未偹因

傳以廣陵散賀留其譜紹從賀受之齊王宴會命紹鼓琴

紹辭河間王顒長沙王人攻同斬之成都王顒欲會顒攻

又帝以又為太尉顒顯舉兵反以陸機為前鋒帝觀征機

佛祖通載　卷十一　第三節　　一　華藏

1831

歲鄒嶺王

一軍敗官者孟玖譖機廬志證之遂收機及雲機臨刑曰
晚矣

華亭鶴唳可復聞乎陸氏祖傳一通靈鸚鵡名鳳花臺工
△

於詞賦機雲愛護如珍及遭難廬志攜之忽不知其所往

甲子春東海王越令張方殺人
改元永興方廢羊后太子顥表

推顥為皇太弟越請帝征顥拒敵稽紹死節張方劫駕
宣帝曾孫瑯

入鄴改元建武顥恨東安王繇執斬之繇兄子睿孫瑯琊
恭王觀之子

十歲襲封王沈敏有度稽紹曰毛骨非人臣相也顥
母夏侯氏歸國生時神光熙室日角左有白毫

淵想攝朔方淵自立國號漢建元元熙立單氏為
元熙二

和為世子劉曜為建威將軍曜曰王繼漢與蜀漢後帝尚

未建諡乞成之淵議尊孝懷皇帝設廟時祭遣攉攻太原

張方刦帝趣長安立豫章王熾為皇太弟以四方乖離下

令蠲除苛政民獲少安乙丑夏越雋二郡大旱三農憂苦

先是二月三日里老張家誕生一子祥光罩戶黃雲迷野

隣咸謂張叟曰君今六十而得嗣家其昌矣童稚時不好

嬉戲每慕山澤語言若有隱顯及長羣書靡不淹貫遊衆

獨遊樂身常有先見君民祈禱則喚之長嘯曰土木而能

衣衣食食享之有應謗之有禍我為人而後豈無靈乎自

夜夢或為龍或為王者天符水符漕自怪不信為佳兆至

是見農舞雩祝神無驗因思夢治水府事當驗之夜往水

◎張亞、
◎白贏、

際以夢中官函牒河伯而驚魂忧怳忽爾陰雲四合風飛
雷震大雨滂沱蔚民乃蘇一吏稽首曰請遷判徙居張曰
余張氏子名亞緣水府得達故字需美非運判也吏曰奉
帝命從予張問家人如何吏曰先至治所矣遂擇上一白
贏而起俄首里開在風雨聲中頓失鄉邑到一山連倒嶺
而燄參宮星也若鳳凰之幄下有古湫吏引入巨穴門有
一石笥吏又曰民之禱雨者祝此石即應名雷柱方寨衣入
穴吏又曰君記自周迄今屢作士大夫身未嘗酷民虐吏
陰德傳家時行方便故得證此張遂大悟凤背吏曰君在
天譜得上仙之品於人世當更顯應晉有中興之兆君可

尋方顯化言訖便去。至穴中則有王者宮室服用玉階七
曲丹桂千株見家人具在遂居其間時出救世士民於閭
中梓潼縣立廟祭祀稱梓潼君為廟在九曲之北有降筆
亭中以金索懸一五色飛鸞鸞曰銜筆用金花箋數百番
留筆下亭門縣令封鎖甚嚴以防欺偽降筆訖內有鐘自
鳴廟吏聞於縣差官放鑰取書以觀報應其降筆多勸人
以忠孝有陰騭文及訓語甚多真君道號六陽每出駕白
騾隨二童曰天聾地啞真君為文章之司命貴賤祈係故
用聾啞於側使其知者不能言言者不能知天機弗淺也
凡禳災袪疹禱雨祈嗣有感必通世有虔奉之者常降乩

○民聾
○地啞

成現夢隱示又能鎮伏妖魔疫癘神鬼聞蘬鳴則遠

遁為之慣哎邪物也。真君延行因中尉劉洽見東海玉曰。越遂傳檄諸

張方遷乘與三廄后嘉檄討之王霸之舉也。

王共起義兵鎮南將軍劉弘受越節度使江夏太守陶侃

會進侃字士行徙家潯陽父丹聘妾生侃父卒家貧母湛

氏紡績以資給之使交勝友侃嘗漁於澤網得一織梭歸

掛於壁有頃雷雨大作梭化龍飛去是夜夢生八翼飛上

見天門九重比登八重被閽者杖擊墜地折左翼及寤左

腋隱痛相者師圭謂曰君左中指有盬理當為公更徵上

人師圭

實不可言侃歸沙針決其理欲使達上見血灑壁成公字

獻也侃亦
雖強耶

范陽妳王

以紙拭血公字愈明范陽王妳使司馬劉琨結連幷州王

十劉琨
浚擊穎大勝後執送鄴丙寅春張方為帳下將殺之顥敗

十王浚
走在路為越迎帝還復立羊后太傅越賂帝左右以毒置

懷帝熾
餅中進食而崩位十七年在迎熾即位是為明年改元永

嘉羊后為惠皇后立梁氏為后詔瑯瑘王鎮建業廙與四

梁后
王同渡童謠曰　·△

五馬浮渡江一馬化為龍

是時歲鎮熒惑太白皆聚牛斗間識者謂吳越當與王者

王導
王導為司馬建幕府招俊傑顧榮卜壼等皆至張翰自歸

卜壼
吳下曰與麤劇談古今與發難復娶妻治産於天平山墺

四

華籤

常科傳習　卷十一　第三節

1837

曠達

絕念塵世功名相與酬酢自成通家榮求勸駕、二人曰使
我有身後各不如生前一杯酒時天下大亂羣胡雲擾鮮
卑雄據遼西元海稱尊左國泰雄雜處氐羌塞北橫行梧
跋丙寅冬李雄於成都僭號椎乃巴西宕渠氐李特子廩君
苗裔也昔武落鍾離山崩有赤黑二石穴務相姓巴氏出
於赤穴擇樊相鄭四氏出黑穴五姓爭長相與以劍刺穴
屋能著者為廩君獨務相氏劍懸焉又以土為舡浮者共
尊之而務相舡獨浮於是尊為君乘土舡下夷水至鹽陽
有臨神者女子也止求為婦夜從君宿旦輒去為飛蟲諸
神皆從其飛蔽日廩君欲去不得乃夜以青縷遺之曰

□李持
□李雄
⊙廩君巴
氏務相
田擇氏
田樊氏
田柏氏
田鄭氏
□臨神

1838

回成建興
乚雜容
甚許容
甲和來孫

此宜與汝居、否則去汝、鹽神遂嬰之、明旦廩君立碭石上

望廩有青縷者、射中之、鹽神墜而死、羣飛者皆去天乃開

朗復乘土舡下及夷城、石岸上有平石長廣丈餘廩君休

其上因立城於傍而居之、種類漸繁秦為黔中郡漢初更

名巴郡揉堯漢中特祖歸之遷於洛陽易姓李雄據蜀以

范長生有名德欲迎為君不從雄為成都主國號成攺元

建興歲大荒歉巴西氏死於阻耀邑有富農羅密閉耀義

士許容竭產賑貧力不能繼終夜炷香誧佑邑靈和來孫

以告梓潼君君上奏天帝春旨勅諭風師發羅之星穀隨

風旋空而雨谷以色聚徧於郊衢邑民無不飽飫李雄以

十　汲桑
吕　石勒
卜　王彌
十　劉曜
口　毛方
口　宣
口　獻
口　聖武
口　詰汾
公　天女

容爲邑佐宽家破自經丁夘穎黨汲桑造反輙人石勒爲

前驅太傅越破桑斬之勒降漢淵以爲平晉王王彌劉曜爲

亦降漢命攻趙魏戊辰元旦日食王浚討漢遣使徃拓跋

氏借兵昌意少子受封大鮮卑山世爲君長兆俗謂土爲

拓謂后爲跋故以爲氏歷三代至秦漢其裔不南丁至毛

方歲振北方子宣南遷大澤子獻時有神人言此土荒遐

宜徙子聖武南移難行欲止有獸似馬而聲角類牛導引

歷年出居匃奴故地傳至詰汾孫弱諸部各散親耕於山

澤嫩見轀軒自天降下中有婦容色光麗謂汾曰吾天女

也上帝勅降爲君室汾携歸三日女辭曰瀟限不可更留

明年此時、復會於前處、化清風去、至期、汾還至個之、天女

抱遞一兒曰、是君子也、善撫之言畢、欲行、汾牽衣勸歸、女〔可待〕

旋化風不見、汾抱回撫養、各力微、既長奇偉標羣、汾卒微

夷夷犯境、微步戰退敵、沒鹿妻以愛女

諸部議尊微為王、是為神元、都於定襄而廻

令鎮長川、沒鹿廻部西部

壽一百四十八年、其孫狷盧少子〔沙漠汗〕徙入雲中與晉分界得

投沒鹿廻部

王浚書、即與兵敗勒、彌、漢王復遣彌攻洛陽、張耳十七世

孫軌授西涼刺史、聞彌入冠、軌遣將入衛、彌敗走、王衍表

封軌西平公、漢王遷蒲子城稱帝、改元永鳳、已巳正朔、熒

惑犯紫微、漢太史令鮮于修之曰、應不出二年、必克洛陽　六

男力微
口沒鹿廻
夷夷
狷盧
口沙漠汗
口張軌
永鳳
△鮮于修

○天瑞△

○慕容廆

○慕容歸　涉

○張賓

○韓媼

田卵櫝

□漢主聰

□光興

請徙都平陽、△改元、是年遼西慕容廆自稱鮮卑大單于有

慕容廆熊氏苗裔世號東胡廆父涉歸遷邑遼東廆繼立晉武招

安至是復叛漢命石勒取鉅鹿常山得張賓為謀主賓常

自比張子房提劍詣軍門數以策干勒皆如所言勸勒自

立一方勒曰安可便異還報捷庚午夏漢主更築平陽不

就慕能城之者初有韓媼偶拾巨卵歸未幾卵裂得嬰兒

呼曰櫝育之方四歲至是謂媼曰憑我蹤築之城可立就

乃變為蛇媼自後以灰誌之言於淵築之果就怪而瞷之

蛇投山穴僅見其尾忽湧泉成泓各金龍池城西平陽是秋淵

號高祖和立聽讒攻聰兵敗被殺聰即位元光興改立

殂光文

呼延氏為后時氏酋蒲洪驍勇多權畧有居氏之後家池

蒲生五丈因為蒲氏有雨若不止洪水必起之謠遂名洪

石勒大冦江漢又值炎疫成阬元嘉平王衡梓潼君道德闓通

久證真位慈以劫運可念遂願救度衆生壬甲歲七月七

曰忽有琅輿羽軒麟車鳳駕玉童玉女神將天兵隊従旌

旂百萬侍衛森刻樂音駭空天使宣上帝命為大玄年上　天職先有

上德真君同中書門下平章事上主三十三天仙籍中上

人間壽天禍福下主十八地獄輪廻拜命詔空中大震七

聲天旋地轉真君以劍一指日月停軸頃刻紫雲上衡有

二童子以善惡簿進閣真君憫劫運之臨世人造惡無有

七

呼延晏　蜀晉報復

秦王

十荀藩

上劉珪

竄匿天遣十惡大魔飛天神王兵將千萬以五道雷神主
之收取惡人又命風雨水火大疫並作用克劫數真君於
是微露天機使民警戒頒降救劫六章朔望虔誦遵行以
消罪懲每晨持稱聖號并感應篇庶弭兵及未幾流通天
下信奉之者意獲寧泰太傅越憂憤薨王衍奉喪還東海
石勒追執殺衍剖越棺焚之漢遣呼延晏取洛陽曜彌勒
皆至攻破之帝被執曜掘陵焚廟納羊后為妃漢令曜攻
長安克之加封中山王晉司空荀藩奉秦王業為主吳孝
子藩義兵鄉應大破曜眾劉琨穆擊漢琨兄琨石
悟退胡塵混擾若無齓地避之遊中山遇青帝賣酒家入

△劉殷　一劉后　△劉殷　憼帝業〔建業〕　回建興

肆沽飲味醇而色似油飲斗餘歸即沉沉醉死于漢殂葬
於城外踰三年忽有人來問葬處曰我中山酒家也珪會
飲我酒一醉千日非死也今及期故來醒之演不之信發
壙開棺珪怡怡坐起演述其事躍出拜見恍然如昨酒家
密謂曰晉陽將有難子避中山可免珪即奉母出居未幾
劉曜襲破晉陽屠戮殆盡石勒攻建業會兩歷三月軍飢
疫死大半張賓說勒進據襄國漢呼延后狙聰納劉殷二
女四女孫遊幸無度癸酉元旦大宴羣臣使晉帝青衣行
酒君臣遇害卤問至長安秦王即位是為愍帝改元建興孝愍
姚弋仲自稱扶風郡公愍帝招附不從海內獨江東差安

田　姚弋仲一英俊多歸之睿辟掾屬百六人范陽祖逖來投拜豫州刺

十祖逖｜史逖即誓衆渡江進屯河以南盡爲晉之甲戌春正有昆

如日隕於地三日相承東行流星隕平陽北化爲肉傍有

胡說

四陳元達｜哭聲陳元達言女寵太盛聰曰此陰陽之理何關人事劉

后產下一蛇一獸在宮傷人捕之蛇獸走隕肉傍不見亥

一建元ㄙㄙ｜改元聰委政事於粲丙子改元麟嘉又納靳準二女曜攻拔北地

一麟嘉ㄙㄙ｜建元ㄙㄙ元麟嘉

上新準｜諸郡曜見梁緯妻辛氏欲納之辛氏求飲自殺曜攻陷長安

向粲緯｜晉帝詣降曜令焚襯受璧獻俘平陽封曜秦王再攻洛陽

﹅令辛氏｜入收晉宗室誅滅見遍妃王惠風有貌掠鞏孟津將於河

行太過矣

蜀再報晉｜中委之惠風大罵曰我皇太子婦司徒公女而故蜀小子

曜所

敢干我耶欲奪佩劍自刎曜怒賜部將惠風即投河其侍

婢名六出漁陽人故魏晉義令田諷孫女年二十三體貌

亦整善有心節至是乃攘臂曰大旣有之小亦宜然遂亦

投於河適遇嵩高女眞韓西華河北人慈愛於物常行陰

功。至於蛸翹微命皆愛護之以厚載物乃順承天。

中散東市被刑人皆知之其爲仙侶解去人則不知也。

自傳琴於思令而仙踪於以不泯。

元皇千年道行仍以士大夫身修之則士大夫乃證道

之階也何可以忽諸。

士行莘謹人也方感折翼之夢宜其惕矣乃因相者之

佛祖傳登　卷上一　第三節

九

言患欲決指間董理是誠何心哉

化龍之馬不能馳騁中原而退處江左究竟是潛龍不

是飛龍。

中山酒雖仙家所造一醉三年世人且不可常飲百年

歲月幾何而堪以醉裏消之乎所以得飲者唯玄石一

人亦唯一次。

劉曜矢志滅晉已洩其忿矣但喜掠女以為樂其已沾

胡習乎

六出九伐皆欲兩京而不得今曜唾手而連揵非智力

之浴如實天命之有在耳。

○○孝道重再世成仙 　○義氣深老年遇子

時有王姓老母來寓河北西華獨識其有道乃師事之母

悉授以玄秘自是有得里中皆輕藐不禮唯見重於隣人

白和宇仲魏朝侍郎恬淡不營各利敬事西華如父師一

日西華引拜王母毋坐而止之西華曰隣家郎阿和少所

長者王母語諸侍人曰是亦好善者也食以丹棗令去晉

武未年西華別和曰被崑崙召暫相別也未幾和亦隱去

元康二年相識人見和在華陰山乘虎從西華共四五人

顏色更少寄謝親朋甚明西華後勅居萬山洞天每出行

救世晉時世弊京邑不寧有道之士多樓寓山林以避世

1849

⊕王華

有女眞薛鍊師各玉華因居南嶽尋眞臺外示同塵內修
至道西華南遊傳以眞訣於是玉華常騎白豹遊者聞峯
黃鳥白猿不離左右未幾於雲龍峯尸解觀其冲舉處

⊕蔡元暉

西華聞襄陽有蔡女仙者各元暉幼而巧慧善刺繡隣里
稱之忽有父老詣其門自稱班師請元暉繡雙鳳令畢功

班師

之日自當黥睛既繡成五綵光煥父老乃指視安眼俄而
雙鳳騰舞蔡各乘一鳳昇去後降襄陽南山林水土時
名鳳林山於其地置鳳林關南山有鳳臺勅西華候其至
會之相與碁琴講道招集諸女伴乘龍鳳虎豹同遊具立

⊕蓬球

之西王女山有北海蓬球壁字伯泰始末入山採木忽覺異

香飄至遂翅風尋至北山宮殿廓然樓臺博敞球入門窺

之見五株玉樹復稍前有四婦人端妙絕世彈碁於堂見

球俱驚起曰蓬君何故得來球曰尋香而至衆女復坐手（會中人）

彈如故一垂髫小女登樓撫琴樓下衆女戲曰元暉何為

獨昇撲球於樹下立久覺少飢以舌舐葉上垂露味甘而

香飲之體充俄一女乘鶴而至迎謂曰玉華玉華何來此

俗人王母令方平行諸仙室此刻將至球懼而出回顧不

見其所在歸家是建興年號舊廬皆為墟矣球憤往樓山

下拯音求重見漢湘江漁父於洞庭閒兒啼聲四顧惟三歲

女子在岸側憐而舉之十餘歲天姿奇偉靈顏珠瑩忽有

青童靈人自空來集攜女臨昇女曰我杜蘭香也有過謫

人間蒙父撫養但玄期有限今且去矣自後時還家勸父

勿捕魚蝦贈以黃金十笏得以富足年踰百歲而終至是

兩子春濟陰張傳改名碩　本包山人年十七身弱嗽瘶而羸有綠

衣婢通言曰阿母傳車願會碩趨迎入視年可十七八說

事邈然父遠自稱南康杜氏蘭香後隨二娉大名萱支小

各松支碩拜問病體如何禱祀蘭香曰消魔自可愈疾淫

祀無益碩問消魔法蘭香同清心服藥也乃贈詩以諭之

碩病尋愈後數詣言本為君作妻情無曠遠以年命未合

其小珮太歲東方卯當還求君其年八月旦復來見其鈿

1852

車青牛牛之飲食皆儉又作詩相曉出著蕢子三放大如

雞子云食此令君不畏風波辟寒温碩食其二欲留其一

蘭香令食盡曰以子鳳抱道器稟性仁慈故來相濟乃留

玉簡玉唾盂紅火浣布以爲登真之信又一少有侍女賚

黃麟羽帔絳履玄冠鶴氅之服丹玉珮揷么鏐授曰此上

仙之所服非洞天所有也碩領服上昇關香引朝崑崙金

毎曰汝二人世本夫妻輾轉相度仍賜配偶耑心修煉毋

怠二人敬從其命辭歸玉女山成婚羣仙來賀蓬球聞山

頂鼓樂喧闐弃上寂然驚歎而下張杜不欲會球成親後

往居代地大行前洞以就生旺之鄉杜簡張曰剝後相承

□鬱律

□猗㐌

□張寔

晉王
建武

郭文舉

郭璞

溫嶠

地師之崇

鬱律　可乘此運與君合諫則彼此有成時代王猗盧卒姪鬱律

必遂用意吞吐。未幾同昇西極。

襲㐌子、西涼張寔子嗣立有童謠曰

秦川中血沒腕惟涼州猗柱觀、

張氏世承保境輯民果獲獨全丁丑春瑯琊王聞帝被虜

使溫嶠詣建康勸進、改名建業

傳檄進討王導請眷即晉王位以安眾望建元建武劉琨

郭璞字景純、聞喜人、好經術而訥

於論詞賦為當世冠識古文奇字尤妙於陰陽曆算有郭

宿儒郭璞聞喜人。好經術而訥

公者來客河東精於卜筮璞因師之郭公名文字文舉尚

嘉遯常遊名山彌自忘返父母終服畢不娶家至華陰

石室有太和真人軹降室授冲舉之道郭聞曰文聞真道

非可易求今得之意外不以徑乎眞人正色曰何言耶道

非浪傳必有仙緣宿勢者始得吾子旣不昧其始而猶未

詳悉之試爲子一剖子於東漢時爲郭巨原字文舉即居

此地之林慮家貧奉母盡孝以子分母饌乃欲埋子鋤地

得黃金上有丹書天賜郭孝子字故得禀此虛靈清爽之

氣○姓字不易所處之地不遠而更躭幽寂非前世面目烏

能如是予承老君命來教并度扶風梁道士子何疑爲文

舉愧謝眞人辭去郭璞竊聞文舉道術來從受業遂故靑

囊經書九卷并囊付與璞更求導引修煉文舉曰酒色成

性不善保身非子所能知也璞辭歸洞明天文地理小筮

圖讖及禳災轉禍通政無方、雖京房管輅不能過也、旣精

術數懸甕於肘後、欲歷遍靈山鉅川廣識奇珍異物見晉

惠政出羣下璞筮之知國難將作扶七旬老母及妻小同

行抵洛陽適太守趙固所乘良馬死璞造門請見吏不爲

通璞曰欲爲活馬而來吏入報固延問何術璞曰得健夫

東行叢藪處以長竿撲獲一物以歸此馬活矣固如言

遣往果得一獸似猴（泖馬泖）璞命放於側呼吸馬鼻頃之奮起

鳴獸倏逸去固酬謝璞辭至盧江借宿汪吉家見其婢美

乃取赤豆三升咒之撒於吉宅前後吉晨起見赤衣人數

千圍其家走避不迭忽不見請璞筮其吉凶璞投卦曰君

、汪吉

入婢
璞之不端
處

家少婢為災可將於東南賣之、此妖可除吉從之、璞密令
人將銀買其婢吉見赤衣皆反縛自投於井厚謝璞不王
、有趙載者從璞為門人嘗竊青囊書未及讀而為燈爆焚
之、璞遂棄載渡江宅於毘陵暨陽黃山之北進謁王導導
言於晉王召見賜坐與語時政璞曰秦有望氣者言金陵
王氣五百年後當出天子孫權稱號自謂當之然始皇至
權止四百三十七載考其晉數未及迄今五百二十六載、
真人正應於此晉王遜謝璞見陰陽錯繆刑獄繁興上疏
略曰

夫寅畏長者綏福怠傲者招惩宜蕩除瑕纇贊陽布德。

五

以璞爲泰軍令筮國家事筮曰、

西東二鹿狐兔交逐泰恭安恭江左始終、

王問之璞曰事後方驗常侍干寶｜字令升蔡人｜與璞爲友常誠

之曰君貪杯好溢此非適性之道璞曰所受有本常恐用

之不盡是年寶卒璞爲筮曰卿葬母當得一生物寶發

父塚合葬見一女伏於棺面色猶生以溫車載回經日乃

蘇寶父瑩曾仕於吳有嬖婢寶母甚妒姊夫以婢爲殉越

十餘年不死婢言瑩常取飲食與之恩情如舊自後輒語｜不必｜

家中吉凶悉驗寶選良人嫁之亦能作家生子寶感此事

作搜神記劉惔見曰可謂鬼董狐矣以後著晉紀云璞入見王

1858

東晉帝 元年　天興　王后　夏侯娥司 爲

曰天竺胡人永嘉中南渡多幻術能斷舌吐火所在惑眾

命召至素絹布斷之合視還連續取書紙及繩縷投於火

見燒爇了盡復撥灰舉出曰此向時故物幸於火中不失〇

璞訝其法言未幾去而北遊漢立粲爲太子晉帝遇害明

年卒聞建康四月丙午審爲帝位 元帝 攻元大興王卍爲（得火候卜 是爲）

后子紹爲太子王導爲大司空司馬懿拜司空曰夜有人

扣門請見自獨白虎使者皆衣白衣懷探一物納懿手中

戒曰兩世慎勿開開則墓中絕懿曰此或數也遂開視之

爲一金龍子長三四寸背有銘曰父子從我受重火魏明

帝時寶石頁圖有石馬七乃犧牛像又有牛繼馬後之謠

卷十二 第四節　六

按謚改封於晉至愍帝方七代石馬數帝復問璞國運幾

也元帝實小吏牛姓者通太妃而生

何璞曰享二百年竣而倒之、時逃陽王巳徂子文爲主、

安樂公祥世爲永昌太守帝問安樂何義導曰永昌古哀

呂凱子祥爲李雄強請奉表至建康司空導曰劉文當襲

牢國夷語以安樂爲哀牢故文皇正其音以封也上庸有

大牛傷稼衆射殺之得肉三十八擔有司奏開郭璞曰臣

爲蜀山知有大牛重數千斤名夔牛即臣爾雅中魏是也、

璞嘗著書漢嘉烏尤山下池中洗硯魚吞墨水頭俱黑色

嘉定川有帝盖招賢才渡江來者悉用之襄陵鄧攸道

黑頭魚、

石勒兵至與妻賈南遊擔頁其子莫姪綏貲用不給與妻

議棄子、賈曰、父子至親、攸曰、吾弟早亡、棄之弟絕嗣矣妻

泣從之、朝棄暮及、攸以繩繫子於樹、至江東、帝以為吳郡

太守鮑靚字太玄、司隸宣之後、父母派寓陳留、五歲時忽語

曰吾本曲陽李家兒、九歲墮井身死、井神慘吾聰慧屈妖

故出石甃、故復枚比、父母至曲陽尋訪、果悉如是、及長好

談玄理學、兼內外、更明天文河洛、後得師左元放、受中部

法及三皇五嶽劾召之要、能役使鬼神、封山制魔、常交接

仙靈、終日空室自語、無有見其形者、偶遊東海、劉人徐寧

期、實知靚通靈之士、乃就師之、中夜靜室彈琴、寧傾耳聽

之聲、發清亮音調殊絕、明晨敲問靚曰、玉長休嵇叔夜過

訪因請操廣陵散寧曰叔夜何得復在靚曰、絕還部之娘

悟養生之道雖示終東市實尸解以愚塵俗也、靚欲觀東

南氣象寧願偕往皆挈妻孥南行見一兒繫樹哀號靚斷

緼問故攜至建康靚乘馬遊覽行蔣山北道見一人年可

十六七顏色光澤俱行數里其徐徐動足靚奔馬弗及以

漸而遠因遙問曰相君行步必有道者其人停步答曰吾

陰長生也居此山種人薦爲供道侶餌其君有心於道故

得見我靚下馬叩拜陰君曰此地十年後大流血蘇峻之

十餘當糅爾仙法凡得仙者尸解爲妙上解用刀下解用竹

木皆以神丹染筆書太上太玄陰生符於上須臾卽如所

慶者面目死於床上眞身方可脫云又與論晉室修短之

期復示所著書九篇吟詩二首以見志謂靚方有道緣可

留心訪之靚辭歸即同徐寧往見侍中庾亮亮歡洽入奏

召靚陛見帝悅其手采神異留仕於朝靚堅辭不許乃請

守外郡帝令下議授爲南海太守寧爲輿縣令靚以鄧莫

託寧撫視自領家屬遠去既至郡政治簡明行部入海遇

風阻絕糧衆飢甚靚令取白石煮食愈以道術兄稱常與

部從事黃敬談論頗有穎異因諷誦黃庭越日叩之敬

即歌曰

大闢之中有輔星想而見之翁習成赤童在爲指朱庭

1863

巢遷韶

指而搖之。煉真形消遺三尸。除死名。審能守之。可長生

靚詊之曰。此道器也。敬事以師禮。靚謝曰。比肩循恥之後

為赤城長生大帝引去。信州有葉遷韶者。壯年樵採。至建

昌山中。忽雷電交作。避雨大樹下。見一神。藍臉長嘴鳥爪

肉翅。被樹枝所夾。奮飛不得。發聲曰。吾雷公也。為劈此樹

不意墮身於中。子當為我謀之。遷韶不懼。乃取尖石撐開

所震處。雷神得出。慚謝。仍約來日至此。葉明日復至樹下

雷神果來。與墨篆一卷。曰可以致雷雨。袪疾苦。立功救人

也。我兄弟五人。要雷聲尺喚雷大雷二雷三雷四。必即相

應。唯雷五性剛。若無危急。不可喚之。言訖飛去。自是行符

致雨念咒捄災其應如響嘗於吉州寺中醉卧太守擒青之欲加凌辱遷韶於階下大呼雷五一聲便霹靂大震人皆顚沛良久太守神定下堦禮接時方大旱日光猛熾諸葉祈雨信宿得大霶雨田疇遂足復北遊滑州方久雨黃河泛官吏勞役忘其寢食遷韶以鐵札長二尺作一符立河岸上水湧溢如堆阜形而汜河流下不敢出其符外人免墊溺有疾疫者請符不擇筆墨書授之咸有殊效多在江浙間周遊聞南海太守有道術乃往訪之靚曰君不修道行好唱蕫腥又常濫役神鬼叱驅雷雷終遺造化怒責散魄鎖魂也遷韶懼領其教遂辭穀伏炁離塵索居入麻

姑山靜養已久忽有白衣人至曰君道德臻備仙籍褒升

不當入世久□將入靈山受職

孝行而成眞者首稱大□故後世成仙者無非孝子郭

文舉眞舜之徒也人謂仙道遠而難求忽之於庭闈

間惜哉痛哉

季龍羯也玄賓仙也昌爲而助夫羯蓋天旣許之有國

玄賓亦順天而已

伯道無兒古今同慨詎知珠還合浦乃在暮年世之故

懟於天道者亟讀宣史以敦友愛

翁又指一
處云其次〇
地上出二
于石偏與
交人周鲂
鲂二世為
梳州刺史

〇郭志生

地師之祖。

〇〇 虎授碁經為報慈。〇鳥投蚖膽因憐悸

遷詔問其名氏客曰我號通明專向塵世為吉人報善信

者拱手別去初陶偏為母湛卒欲營葬而無吉地家中失

去一牛僕人尋之路見一老翁指曰汝家主尋善脉前山

牛眠處下有真穴當位極人臣僕牽牛記地告偏即葬

母於此壁立彭澤都昌老翁乃朱提郡 叙州 郭志生字通明

少得道引延年元初閒須彌女吏戚逍遙來遊南土以道

法授之精通地理更蹢天機遊世巳四百年如五十許人

有短卷書二篋常員之而行復欲東遊上成公石坦為道

泮玊烈稼康往南海會鮑靚故來相尋因遇志生言及偏

事述其品行成石曰盡徃視之侃盧於墓忽有二客来弔

不言姓名化雙鶴冲起州里異之謂其孝感神人是冬漢

還懷愍梓宮奉迎歸葬戊寅夏五月漢螽斯則百堂災燒

殺聰二十一子又鬼哭於光極殿雨血平陽廣數十里聰

立漢主粲

光初

憂恚而殂改元三在位九年粲即位靳準為大將軍五后皆少艾

粲並烝之凖謀誅粲自稱漢天王呼延晏報於曜癸勒兵至

立漢立曜

光初

赤壁諸將勸曜即位光初詔石勒會討靳準張寔勒勒
追跡稱壁

修漢陵牧粲葬之曜授勒太宰進趙王巳卯十一月日夜

出高三丈餘曜還都長安立羊妃為后子熙為太子建漢

宗廟追尊謚為孝光皇帝崔為光烈皇后曜長子亂年十

年號謚法
皆用光字

義

迎劉龍

立管涔王廟，建武侯祠，淵宗支謂曜棄我宗統，五部興志

後趙 石勒

懼懼即以冒頓配天，改國號趙，諸胡始安，勒與曜絕稱大

十石虎

趙天王政元大赦，後是為張賓為大執法，石虎爵中山公勒

十王敦

用中國衣冠儼然可觀，帝在江東王氏同心翼載，敦摠征

歲長十尺五寸，旣長，善射驍捷，沒於別部，始歸封永安王

討導專機務，時語曰王與馬共天下，九月有妖星現於豫

上祖約

州分野，邀曰為我也，俄卒於雍丘，詔逖弟約代領，郭璞有

〇陳訓

徒陳訓在都見妖星起，謂人曰西北有兵權者當暴死，三

口賀循

人時代王鬱律為其弟賀傉殺死，自立張寔亦被妖人所

張茂

害，弟茂代撫涼州，壬午正月朔雪下三尺，人畜凍死無

帝祖傳鑑〇卷十一第五節　　二

算有言陳訓先識帝宣入問之訓懼王氏權貴但云陛下
大振乾綱帝哂其迂政元永昌訓退見師璞曰爾不遷言
陰勝於陽有臣犯君之象使王氏知警也璞因母死居憂
小葬於暨陽常州近河漫水百許步友人王用謂曰他日
洪水漂蕩母骸為魚矣璞曰卿何我憂不久當為陸未幾
忽推沙壅漲去墓十里皆為桑田用始服神鑒因求其擇
地葬公璞教葬於庄外東陵帝聞璞為人擇葬常微行伺
察見卜氏墓謁用曰何以葬龍角法當族滅用曰璞云是
龍耳當致天子帝訝曰出天子耶用曰能致來聞耳帝異
其效召璞為尚書郎命璞尋地璞曰江南吉地無如雞籠

山陽又曰命管建壽陵帝問曰卿之吉穴何處璞曰得夔

玄武湖中足矣時有黑龍現故怪問何利而欲況葬璞曰

臣博後世浮名耳○璞言建安一山有異氣帝命鑿之朝鑒

而暮合一日忽有雙白鶴飛鳴翔去帝問璞術從求璞曰

郭公雖鏖囊相授然其道行高遠未易窺也帝曰安在璞

曰前招南行遊亂時臣為妻聘未娶不得隨行公艴然聞

隱於餘杭天柱山或於桐廬大壁巖寄跡帝令用意體問

文舉初客河東辛未洛陽陷因避地終南遇同門梁諶共

購丹砂作丹為餌諶字考成扶風道士也元康聞鄭思遠

傳陵白仲都同遊雍梁諶奉思遠於樓觀師事之受其咒

符後忽遠南去傅白東遷諶獨於雍涼演符施治精究陰

陽永興二年老君命尹軌下降樓觀授煉丞隱形法灸水

石還丹術諶遂携一二得意門人隱終南食氣吞符安閒

自在適文舉來廣索砂修合丹成能飛行變化目能視地

中物耳能聽百里聲一日謂門人曰有友召我於南峰辭

別文舉頂冠整衣而出忽雲氣迷繞不見其形惟聞鼓吹

音從窑升去文舉南行入吳自稱郭翁始居大漤山恒著

鹿裘葛巾嘗有一虎至庵前張口向翁若有所告視其喉

間有橫骨乃以手探去之虎攄尾而去明旦置一鹿以報

命將去復卿一卷書至闢是圍碁局勢揣摩未幾奕理精

熟招山翁逸叟與弈寬無敵者虎常馴擾於左右出山虎
必隨焉入城市俛首貼耳或以書策置背負之而行翁採
木實竹葉貿鹽米以自供置筐中虎負隨之食無餘穀所
用苟足即驅虎負薪葉出市易錢輒恤窮匱歸則與侶伴
弈於石上仙碁石桐廬有。時謝稚堅張兆期孫登諸人在石室山
聞郭翁高手慕而造訪翁偶出遊餘杭謝張攜碁追至求
教共弈於天柱山頂二人始受饒四子各弈二局後日復
會即分先爭勝謝張或府約不來翁即葉柀至石室尋鬪
由是三家鼎峙輪流交弈採樵者多見之聞有吉訪求往
吉州守言一七旬翁居大壁山傍樹結廬苦覆其上虎狼

出没翁獨無恙反與一虎爲伴。巾報司空導偹安車迎至
京朝士聚觀如堵翁頷然箕踞旁若無人周顗迎問曰猛
獸爲暴先生獨不畏乎翁曰人無害獸之心虎無傷人之
意顗歎曰未見其才已知其德帝延坐問曰先生馴虎有
術耶對曰自然耳何以術爲撫我則后虎猶民也虐我則
讐民猶虎也理民與馴虎亦何異哉帝嘉其言欲官之不
願賜第於西園奉養温嶠徃則曰先生安爛無情乎答曰
情由憶生不憶故無情嶠拜服郭璞進見謝不從之罪翁
曰子何慾心大勝恐不令終仍語以禳災魘勝之術時周
顗庾亮桓彝劉恢好談易理善究玄機皆以師禮事翁璞

與璞友善璞每造之雖在婦間，便自相見值歲除璞襄燈

知來年有大難，至正月欲行掩襄謂璞曰卿來他處月可

但不可廁上相尋璞笑而去旦日璞飲大醉請璞家遍尋

不見遂至廁竊見璞躶身披髮御刀設醮璞舉有大驚撫

心出見曰天命難逃也嗚卿勿來豈但禍我卿亦不免璞

悔曰為酒悞矣歙歙別去璞初主金陵相其地曰千年後、

當出眞命帝主諸徒問曰得與今上相比乎璞笑曰得天　伏朱

下名正華夷無間是為眞命璞泛太湖登洞庭長歎曰靈

秀萃此踵癸三教之史臣山林之遯固諸徒曰此或老莊

之流欺璞曰古今雖殊心志則一復至錢塘曰五百年後

其間霸者倡業王者偏安徒問之、璞曰霸若知命之桓文

王若苟安之東晉也璞聞江右張氏世號天師戲曰彼為

天師吾豈不得為地師乎至鄱陽訪之入龍虎山周視萬

茶拱翠登臨俯首白雲低眾水合流到戶派流七百里璞

指而訝曰洵有大福德者能當之然非徒委蛻山川當觀其

人如何第四代師張盛不受魏爵攜劍印經孫自漢中還

鄱陽得祖天師玄壇及丹竈故址即其地為居遇三元日

自陞壇傳籙以授學道之士動千餘人闔為科範率以為

常秦始初付法長子昭成示化不踰年復在廣西賀州為

廣王設法臨去曰

西蜀鶴鳴東吳龍虎功行飽成，再遊南土、

昭成字道每端坐一室出神數百里，知璞入山即邀遊山

馮虎豹伏而讓路璞驚羨曰真法派也，告曰吳郡句容許

邁字叔璞善卜求決終身璞寓卜之遇泰之初爻斷曰

君元吉自天○非弎於仕途者宜學廿遐之道可得親係異

人提領邁久知族伯許遜得神仙術但其蹤跡不定聞鮑

靚有道隱跡南海欲徃侯之以親老無依未能遠適且回

家奉侍司空導懼兄敦將作禍亂無計止過欲邀璞至家

卜問恐彰其事乃請遊郊外設醴秦淮濱屛左右告之璞

筮曰淮水絕王氏滅谷無慮焉所慮在僕爾導令笠江東

娿樊｜

二兄巍｜

有恭敬兄
嫂如此者
乎、深奈復
聖之學者
有此操行
者、

氣數、樸曰江東分主三百年復與中國合璞雅重曹人顏｜

含才品慄其沉困嘗欲為筮其前程含曰年在天位在人

修己而天不與者命也守道而人不知者性也自有性命所○

無勞著龜含○字弘都、顏、兄巍客死嫂樊慷曰為庸醫所

悞命未應死可意開棺嫂語於翁姑舉家持疑含時尚少

力請父發棺見餘息尚端含獨且夕營視足不出戶者十

三年巍氣始絕含復盡禮殯葬嫂痛夫亡雙目失明醫言

必得蚺蛇膽可療含力求不得有童子授一囊童化青鳥

飛去含敬驗乃蛇膽也點目復明因避亂江東鄧攸稱疾

周顗來含代之攸妻為納一妾訊是攸甥攸善嫁之不復

董姜鮑靚入觀開伎還晤言奠事伎至興縣領歸靚亦家

於丹陽後趙張賓卒有弟子高詡黃泓徐先等高黃遁入

燕雲勤使光畧徐州以淮為境王敦父懷興志舉兵至石

頭詔加為丞相都督中外敦還武昌以祖納為軍諮祭酒

納字士元少孤貧自炊爨養母帝嘗命修晉史弟約鎮豫

州邊地多叛聞吳典長城戴洋善風角有才識召為中典

軍洋流字國年十二病死五日而蘇云天使為酒藏吏授符

籙給吏從檐荷引上蓬萊崑崙積石太室衛盧恒山等處

既而遣歸逢一老父曰汝後當得道為貴人所識及長遂

妙解占候無不奇驗王午四月有大風起目東南飛沙近

弟祖傳笺卷十一第五節

七

洋之術學
不亞於璞

◎鳳綱
◎趙瞿
◎任子季
◎趙他子
◎移門子
○林子明
◎陽陵子
◎杜子微

木洋謂約曰今冬初必有賊到譙城宜偹之主簿王振以

洋惑衆宜收獄治罪約從之禁五十日絶其飲食不死約

知有神術令釋之欲斬振洋曰振不識風角非有他也振

往目飢垂死洋養活之尚自遺忘大㬥富貴而不棄貧賤

者蓋甚難也至十月後趙圍譙約禦之不克退屯壽春始

信洋言洋魯師澳陽鳳綱綱聞昔有韓衆王眞服昌蒲根

王駕服栢子仁趙瞿服松脂任子季服茯苓趙他子服桂

移門子服五味林子明服术陽陵子服遠志杜子微服天

門冬俱造長生之域綱獨採百草花以水漬封泥之自正

月至九月莫九火埋之百日卒死者以納口中皆活綱常

服此藥至數百歲不老後入地肺山仙去司空導有疾聞

洋風角之善於壽春召至問之洋曰君侯本命在中金為

土使之主而於申上石頭立冶火光照天此為金火相爍

水火相煎以故受疾耳若能遷喬則病差矣專即移居東

府果愈是秋宣郡有一物大如水牛灰色庫腳類象胸前

尾上皆白爪長力大而遲鈍至城下忽不見郭璞聞而筮

之曰此名驢鼠其形兩類為子午相冲之象當主國有大

喪帝為外冠內難憂憤而崩 年四十七在 太子紹立 是為明帝

癸未改元太寧立庾民為后導為大司徒以郗鑒鎮合肥

敢忌之表為尚書令徵還敦留而不遣鑒舉止自若遂放

八

郗鑒　○郗邁　○周翼　與桓夢窨同　奐猛

還鑒字道徽金鄉孤貧力耕。以儒雅稱。值歲飢鄉人遨食

有兄子邁外甥周翼每攜就食嫌惡之鑒獨往以飯置兩

頰還哺二子○後皆以時鑒面折敦以聲名藉甚太寧二年敦

復起兵為亂帝微行窺其壘敦以疾晝寢夢紅日環其營以

驚令出追不及。請溫嶠為司馬嶠謬為勤敬悉知其謀以

計脫歸敦更邀郭璞璞遂往會時許遜吳猛二君知敦謀

逆欲規止之兵次慈湖二君往謁璞因與俱見敦喜而延

飲二君起如廁敦密迎問曰孤夢將一木破天欲禪帝位

果乎吳君曰木上破天是未字也、公其未可妾動敦色變

△何夢之凶

復入坐問璞曰吾昨夢在石頭城外扶犁而耕於江中鄉

為占之、璞筮曰、

大江扶犂耕耕、亦自不成、反亦無所成、何不息此心、

敦問吾壽幾何、璞曰、明公若起事禍必不久、敦怒曰卿壽

幾何、璞曰、命盡今日日中、敦今武士執斬之、璞謂行刑者、

伍伯曰曾記十三歲時於柵塘脫袍與汝言吾命應夫於

汝手乎、汝可用吾刀然吾必死於雙栢下、武昌南門吳許

見擒璞出刑乃舉杯擲地化二白鳥飛繞梁間敦舉目觀

之二君即於座中隱去璞既斬伍伯收殯後三日南州市

人見撲貨其平生服錦與相識者曰吾已為水仙伯矣有

人告敦敦不信開棺惟有短伏藤琴始悟其尸解去其子

第五節

九

鑑乞收琴杖葬玄武湖中生為地師、化沉水穴、

牛眠真穴得者絕少、此無他、孝不及陶耳。

文舉救虎而報之以奕譜、虎亦山林之清客乎、憶吾懼

夫清客之善啖人也、

景純之地理國流之風角、皆妙絕一時、乃地理代有傳

人、而占角未有繼者、抑亦世尚風水、故郭之術行而戴

之術否乎、

璞為王敦所害、文舉之言驗矣、溺於酒色之人、謂為地

師則可、謂為尸解則不敢信。

鮑靚之墓刀能作聲、恐亦神仙餘術、

○温太眞燃犀燭怪、○○佛圖澄咒水回生、

璞撰前後筮驗六十餘事各洞林抄京費諸家要最更撰

新林十篇韻一篇註釋爾雅註三蒼萬言穆天子傳山海

經楚辭并所作詩賦誄頌亦數萬言帝使溫嶠郗鑒等分

督討敦大破之敦死其黨悉平有司發敦屍斬之乙酉

三年詔陶侃都督荊襄雍梁閏七月帝崩在位三年太子

衍立、是歲成帝方五歲庾太后亮稱制丙戌改元咸和便亮秉

政頗失人心疑祖約蘇峻擁兵表郗鑒為徐州刺史溫嶠

鎮武昌戴洋避居武昌仍為約邀去初梁人反梁城隍固

約欲討而未決洋曰賊以八月辛酉日反日辰俱王辛德

在南方酉受自刑梁在譙北乘德伐刑賊必破亡又甲子
東風而雷西行讖在東南雷在軍前為軍先驅克之必矣
約從之果平及敦反洋曰大白在東方辰星不出兵法先
起為主應者為客辰星若出太白為主辰星為客今辰星
不出太白為客先起者兵敗今有客無主有前無後宜傳
檄所部應詔伐之約率衆而進適敦死遂住壽陽府內地
忽赤如丹約怪之洋曰按河圖徵云地赤如丹流血九九
當有下犯上者恐十二月二十七日胡馬當來飲淮水至
時石勒至大掠而去郭文舉見郭璞周顗皆褒而庾亮峻
刻國患將復作往見導懇求還山導固留之少日遁去至

臨安窮谷處結廬而居 及坂破餘杭而臨安獨全葛亮以

蘇峻在歷陽徵之峻不應命崇祖約為盟主請共討亮洋 洪庾闡並為傳贄頸其美

曰峻必敗可陽與之合以待其變約不從遣兵徃會峻襲

陷姑孰戎子春卞壺戰死二子眕盱赴敵死 後收其父子葬冶城中

峻入臺城太后崩峻極其橫暴溫嶠詣奉陶侃為盟主郄

鑒流涕誓眾同趨建康峻廬桓彝兵應攻廣德彝被殺子

溫冲逃免侃軍築壘白石峻逆戰墜馬斬之侃擊約約敗

問戴洋曰東還何如留壽陽留壽陽何如入胡洋曰東還

失半○入胡滅門留壽陽尚可幾而兵叛約率家屬奔降後

趙帝以侃為大尉鑒為司空嶠為驃騎將軍庾亮求外鎮

帝且傳登 卷十一第六節 二 生氣

武昌忽染病開戴洋善占候召問之洋曰峻亂時公於白

石祠求福許賽一牛全猶未解故為此鬼所考亮曰有之

君乃神人也遂至祠祭祀病即愈溫嶠還藩至當利口牛

渚磯間水底有作樂聲知其下多蛟龍命燃犀照之見奇

怪萬狀或乘車馬著赤幘排衣者往來其間俄而風浪大

作舟幾覆　燃犀浦上　夜夢神曰與君幽明道別何意相犯

嶠得疾至武昌卒　謐忠　帝初夢遊鍾山神人迎謂曰都中

蔣侯也峻為逆吾當相助遣部眾牽躓其馬則成擒矣明

日峻果馬躓被誅未及褒贈至是帝感小疾勅侯為大相

國立廟時祭司徒道子奏言初山人郭文舉辭歸不許隨入

白土山明年峻反、咸謂預知故去、旋復歸隱鼇亭山、昨遣
使往詢、山下人云文舉去歲巳亡、身如蟬蛻、其所卧床薦
下得金雄詩金雖記、皆書於箬葉上、使者帶回、次第觀之、
與識緯相似、謹以呈獻、帝閱曰所應將來符兆、弗可秘也、
令立碑山下、傳其書於世、後有識者知其皆言南兆軍國
大事、後趙大將郭黑畧、每從征討、輒預刻勝負、勒疑問之、

黑畧曰大王天挺神武、幽靈所助、有西域沙門號佛國澄、
智術非常、弘雅有識、解明三藏、博覽六經、天文圖緯多所
綜涉、前後所白皆其言也、勒喜曰天賜也、亟令召至、澄竺
異僧、本自幼出家、長八尺、風姿甚美、誦經數百萬言、妙解

玄微旁通世論永嘉四年入中國志弘大道講說曰正標

宗吉使始未文言昭然可八加復慈洽蒼生拯救危苦能

伏烝自養積日不食善念神咒役使鬼物以麻油雜烟灰

塋掌千里外事皆佈現掌中如對面焉令潔齋者見能聽

鈴音以言事無不效驗欲立寺洛陽值曜亂不果潛身草

野以觀世變常息足於滋縣澄城〔後魏吹復避亂於武鄉縣地漢湟〕

左乳旁有孔如酒杯圍四五寸通徹腹內時塞以絮夜欲

讀書輒撥絮光從中出則一室洞明遇齋日過水邊引腸

洗之巳復納入洗腸源又常卓錫於山東盧縣玉符山靈

巖寺時勒屯兵葛陂專以殺戮為威沙門遇害者甚眾澄

見胡羯虐害非道。欲以道化杖策到軍門知黑羯素奉佛

法、即投止其家羯從受五戒崇弟子之禮至是薦聞勒問

曰佛道有何靈驗澄知勒不達深理正可以道術為教因

言曰至道雖遠亦可以近事為證。即取器盛水燒香咒之

須臾生青蓮花光色耀目勒由此信伏澄因進諫勒甚悅

之、凡應被誅殘蒙其益者什八九。於是中州之胡皆願奉

德

佛勒欲試澄夜冠胄衣甲執刃而坐遣人告澄云夜來不

知大王所在使始至未及有言澄逆問曰平居無冠何故

夜嚴勒敬之勒後因忿欲害諸道士并欲苦澄澄乃避

至黑羯舍語弟子曰若王使至問吾報云不知所之使尋

至覓澄不得還報勒驚曰吾有惡意向聖人聖人捨我去
矣通夜不寢思欲見澄澄知勒意悔明旦造勒曰昨夜
何行澄曰公有怒心昨故權避公今改意是以敢來勒大
笑曰道人諍耳命有司起造寺院與居之時鮮卑段末波
攻勒澄曰昨日寺鈴鳴云明旦食時當擒段末波與勒登
城望波軍不見前後勒失色曰豈可獲是公安我辭耳澄
曰已獲䜛矣城北伏兵毅出遇波執之澄勸宥波遣還本
國卒獲其用勒益加尊重號大和尚凡有機事必諮而後
行石虎有子名斌勒以為子愛惜之甚暴病七巳浹二日
將殯勒曰聞昔虢太子死扁鵲能生大和尚國之神人可

急往告必能致福澄至乃取楊柳沾水灑面咒之須臾能

起有頃平復勒敬澄如活佛由是勒諸稚子多在佛寺中

養之時大旱勒請澄禱雨澄即於襄國西北山岡一石井

中令人掏之得一龍如困縛者澄咒而祭之忽騰空而上

大雨隨降井在順德龍岡一名石戊子秋勒遣虎同黑畧

井岡先武當軍所鑿

擊趙曜自將來迎虎懼而退勒欲往救徐光以為可勒以

曜

訪澄澄曰相輪鈴音云

秀支替戾岡僕谷劬禿當

大軍若出必獲劉曜也

蓋羯語秀支軍也替戾岡出也劬禿當捉也勒

胡位也

意遂決留長子弘共澄鎮國自率步騎指洛陽至延津米

澤沱凌同
勒與光
並驪
乙△和

偶結得渡渡畢氷被勒喜為神助名靈昌津曜愈福急出

戰馬失墜氷被執時曜以物塗掌觀之見大衆中縛一人、

朱絲約其肘因以傳弘爾時正擒曜也勒回大和見大

駑逆奴勒怒令斬之雙鉤忽吼如雷翕翕若翅化兩青龍、

夾曜飛去勒大驚謂趙百官立太子熙遙尊曜為高宗孝

超皇帝巳丑春走保秦州閩中皆叛亂保熙等出長城翰

荒野抵沙漠之破陀依嚴薄洞以居忽遇帝曜驚喜相問

曜為上皇後蕃衛為大部落是時氏羌俱降於勒勒問澄

曰熙亂北道能復入乎澄對曰未也六百年後當入王華

日勒曰石氏其後若何澄曰整六百年先劉氏而君中國

勒歎曰、帝、王非常、保使我不絕幸矣、庚寅改元、立弘為太
子、虎為太尉、虎怒諷石葱作叛、其夏澄戒勒曰、今秋葱中
有蟲食必著人、勒頒告慎毋食葱、八月石葱叛、始悟勒以
當顯明順逆命族誅祖約、初有胡奴王安逃謂曰石勒是
汝種類奔必榮、顯乃厚資遣往勒封在衛將軍至是歎曰（自孕）
萎可使士雅無後乎往觀行刑竊取邀庶子道重匿之乘
聞復歸江南隱居不仕鮑靚在丹陽從學道者曰眾吳猛
初聞覩道真一因師事求傳覩知是仙器遂語以至道猛
字世雲綝、章艾縣人、天性仁孝七八歲時家貧榻無幃帳、每夏夜裸（孝）
體而臥蚊多嘬膚雖遍身不驅恐其去已而噬親也及長

六

娶妻生子曰鏡女曰彩鸞既而雙親繼歿猛毀服哀慟夗

奠彩鸞為喪葬盧墓三年後出仕為西安令未幾棄職遊學至新

安遇異人丁義得授道術神方猛精鍊成之忽天降白雲

符去後嘗受對神烈真人猛隱而不言將遊鍾陵江波浩

泳猛木假舟檝以白羽扇劃水而渡見者駭奇子鏡模誠

而好儒彩鸞靈慧而愛道猛與鏡娶妻以術宗祀鍾愛彩

鸞不輕許人常與之講論道法忽一日狂風暴起猛書符

擲屋上有青烏街去須臾風定彩鸞問之猛曰南州有遭

此風者其中二道人呼美求救故以此拯焉使人訪尋果

然永修縣令午慶死無目來頒猛書與之交往臨哭之因

云固未合死吾當為上天訟之遂卧慶屍傍數日俱還時
方盛暑屍壞爛其魂惡不欲復入猛强排之乃得重蘇慶
寶為著作郎曾撰搜神記以誌諸異復聞兄還魂愈信
鬼神之足徵矣漢末曲阜縣高平鄉九原里有王人蘭期
者夙抱根器精專孝行。以教化世人家族百餘口皆感動

○○義理王　焉有神人降其舍稱是斗中真人孝弟王曰義理王諱弘。斗中有三真上

○○孝悌王　徤中孝弟王諱弘慶告曰夫孝至於天月月為之明孝至

○○真順王　於地萬物為之生孝至於民王道為之成且其三才肇分

○○上守句星　始於三氣三氣者玉清三天也玉清境是元始太聖真王

職司感應　居日中為

仙王月中　治化也太清者玄道流行虛無自然玉皇所治也吾於上

弟妲專登　○卷十一　第六節　七　連義

靖已下託化人間示陳孝弟之教後晉代當有真仙許遜、

傳吾孝道之宗是為眾仙之長子可先授墳女諶嬰轉授

於遜此法派所然不可撓越也乃付以至道秘旨蘭公問

諶嬰何人真人曰南宮玉女化身子將往會之爾後吳都

十五童子丹陽三歲靈孩並是子之化現也汝即漢孝子

河内丁蘭上帝憐汝刻水像親哀思孺慕遇異人指教

乃有所得今世汝又用分形同氣之術一在信安曰丁義

一在曲阜曰蘭期後將為孝道王可慎守之蘭公悅然大

悟真人所傳孝道秘法之外別有寶經一帙金丹一合銅

符鐵券臨行更授之曰能得而施行者惟高明大使焉遂

騰空而去蘭公謹領拜謝於是獲斯妙訣潁悟眞機默辨

往因顧知前事因與里老共出郊野忽觀古塚三所乃云

此是吾三仙解化之墳請報官命移塚旁之路勿令人物

踐蹋吏訊曰此言以何驗實公曰第一塚昔有異人骸骨

已復形爲地仙長生久視第二塚見有仙衣一對道衣一

函一人如醉臥撥之良久始能話談此以太陰鍊形綿養

眞氣耳第三塚有玉液丹服之白日便當冲舉於時官吏

與蘭公對開三塚其所明驗一一並同公乃詣塚間躬取

仙衣掛體取丹服之邀卧塚二眞人共聳身輕舉官吏悔

謝虔懇拜陳啟問何時下降公曰我自此每十日一至於

斷更逾數年百日一降施化孝道宜惟玄科接濟樊籠符

臻妙理也言訖而去公攜諸法寶遠遊一路有邪魔外道

來却丹經符券公以此法治之悉折服殄滅南至鄱陽有

士人王遇性至孝常吹五舌簧以悅母鴐母年老虔奉北

斗以祈壽公念其孝授以丹藥秘要遙拜受之即往馬跡

山修煉丹成還家先以奉母然後自服皆得長生壇藥白

遺公復東至建業見一女娃六七歲許於街衢間遊行面

有寶光頂浮青氣知有靈異借問旁人云是諶姓之嬰也

公大喜招諶至僻處盡出諸物與之并道因由叮嚀而去

諶受歸密藏之靜夜敢視有著舊識演習未久而道理洞

曉變化自然既茣不願出嫁惟自守眞以待父母歿即自

獨處人其敢犯潛修日久慮其甲子者老累世見之齒髮

不衰容貌常必皆以譴姆呼之吳大帝時行丹陽市中忽

遇一男子年可十四五叩頭再拜願爲義子譴告曰汝既

成長須侍養所生何得背已親而事吾爲母既非其類不

合大道童子跪謝而去經旬月姆復過市一孩可三歲悲

帝於道莫知誰氏子遇譴執衣不捨告曰我母何來雖願

戀慕姆憐其無告遂敎歸撫育漸向成大侍供甘旨晨昏

不戲心與道合行通神明博通經教窮物極玄探微索典

年將冠風神挺邁所居常有雲氣光景彷彿時說蓬萊間

苑事然共曰、我修奉正道久矣。雖撫育汝暫此相因汝無

父將以何爲氏兒曰、昔蒙天真盟受靈章錫以各品約爲

孝悌明王請以此名號可乎毋曰、既天真付授吾何敢違。

惠迪吉從逆凶。

然犀燭性極是趣事何至觸水神之怒夫亦絕楊之情

有戲孝道故神得以悔之。

佛生西國與胡同類故先行化於石氏圖澄神咒回生、

後世釋氏想未得傳惜乎

三教以莘爲本而墨子教博於眾葬其所居處竈囪烟

熏未黑汲汲度世雖行兼愛之慈昧於慎追之大道也

1902

復議求婚兒跪母前說讚曰、

弟為師吳許傳道○○○翁覓壻鮑葛聯姻、

我非世間人上界眞高仙今與母為兒乃是宿昔緣因

得行世道度脫諸神仙向前十五兒亦是我化身今已

道氣圓我將返我身眞旡自殊趣何為議婚姻盡於黃

堂壇傳教付至人母既施吾教三清樓我神

母聞讚驚畏遂於黃堂建立壇靖嚴奉香火大闡孝悌之

教明王告母修眞之快曰、

每須高處玄壇陳絕異黨修間丘阜餌服陽和靜夷玄

圍委鑒剖非無英寶帙黃老玉書大洞眞經谿落大元

太上隱玄之道可致傴息於流霞之車養盼乎文昌之

臺得此道者九鳳齊鳴天籍駭虛竦身御節八景浮空

龍輿虎旆遊翔八方矣母宜寶之

以靈章寶訣盡授辭母飛騰太空諶受秘如寶數十年而

(四)荀母

無知者許遜之半嶽本籍汝南遷豫章南昌祖父積善放生

戒殺常散錢穀以濟飢貧吳赤烏戊子春母荀氏夢金鳳

(三)許儀

御珠墜掌上翫而吞之因是有娠懷十八月不產其父許

(二)鬼卜先生

儀憂疑求鬼卜先生占之兆曰非王非霸殆神仙也已未

仲秋朔生遜而方口濶目朗聲洪惟一姊在前已適盱氏

(一)許母

父母中年得遜愛如珍寶任其所欲少小踈通與物無忤

性好遊畋嘗射中一麂鹿母惶顧爲其舐創良久見子斃

亦躑躅而死遂持歸剖腹視之腸寸寸斷因感悟深悔折

藥弓矢尅意爲學博通經史尤嗜神仙弱冠便欲入山修

道爲父母在堂不敢遠遊聞艾人吳猛得新安丁義神方

乃往師之猛悉授其秘遂歸曰以修煉爲事變產作丹

丹成奉餌父母駐顏不老父母欲繼後代爲聚媳王氏五

年生子曰嚴曰莊曰重生女曰闡許配黃仁覽遂四句猶

末上達常自歎泣謂不能光顯雙親也偶買一鐵藥固夜

燃盤見漆剝處有光視之金也曰義不可苟得明日訪售

主還之晉平吳舉遂孝廉辟旌陽令蜀受職之任政治和

平吏民悅服、值歲飢民無以輸暗以餘丹點毛礫成金瘞

縣治圖中籍民之未納者使服力於圖鋤地得金用以輸

納連賦既足遂悉安堵次歲大疫死者什七八以神方救

活之他郡病者相繼而至標竹於郭外置符水於其下使

就飲之皆愈時豫章亦病疫聞遜有奇術皆詣蜀求治遜

念故鄉路遠乃以濯錦江斗水咒之令持歸信信江上流

所活萬計又接雪嶺栢一株令栽於上蔡西南摘葉食之

亦能愈病康樂直鴻望蔡栢曰仙栢日遜知晉將亂棄官

東歸憇一栢林有五女童各持寶劍來獻偕至遜家惟曰

擊劍自娛遜知是劍仙傾心學之既而辭去卒獲神劍之

1906

用偶至建城觀錦江仙栢還至宜豐因濯衣於湖其水常

自清澈不受汚濁人取飲之○

長令其孝奉祖父母及母遂放意遠遊時元帝渡江劃國

乃與師吳君遊丹陽黃堂聞謐姆多道術徃叩玄姒繞通

姓名姆即出接見謂曰吾子各在圖籍應爲神仙昔孝悌

△下降曲阜蘭公家云今代　有許某當傳斯道留下金丹

寶經銅符鐵券蘭公復授吾掌之教以授子已待子積有

年矣許君讓師吳君先傳謐母不許曰世雖爲邁師玉

帝玄譜中猛爲御史而遂爲髙明大使總領仙籍五品已

遷所主十二辰配十二國之分野遂爲玄栢之野於辰爲

子猛統星紀之邦、於辰為丑、許位當在吳之上、從仙階之

等級、許子宜先受蔣慢吳苦、毋更推阻焉、吳君遂告退、聞

鮑靚深心冥志、洞於幽玄、致仕在家、將往謁之、姆曰在近、

有劉仙姑、名懿、年數百歲、貌若童子、不曰偕我上昇世雲、

暫往與會、少有所得也、吳君遂往從之、姆乃擇日登壇、出

孝悌明王之教、真仙飛舉之宗、正一斬邪之法、三五飛步

之術、仍以蘭公所授諸法物、一遵元戒、悉以傳付、并出丹

一粒與吞、許君受而禮謝、將辭歸、心期每歲必來謁姆、姆

即覺而止之曰、子勿來、吾將還帝鄉矣、乃取香茅一根、望

南擲之、隨風飛去、因謂曰、子歸於居南數十里、見茅落處

立吾祠，歲秋一至足矣。許君領命拜辭，尋見吳君，以所受諸秘盡轉授之，此豫章法派也。因問劉仙姑所在，吳君云：是南宮玉女與諶姆作伴來世，教我韜晦自修之道，今巳飛昇矣。其所坐寶木華車，隨風飄舉，三日而下，遣人就其〔名華車觀，又號棲雲觀，碑碣猶存，留車尚在〕。二君嗟歎良久，復回拜諶姆奉侍諸徒曰：自君繳別白日，即有雲龍之駕，千乘萬騎下迎，遂乘駕望南飛去〔聖母昇天事，述載在丹陽郡志，其黃堂壇在洪州高安縣東四十里，後人立祠，號鍾陵祠，諶姆孝道之法，與靈寶小異，豫章人世世行之〕。二君望空禮拜退，而同謁鮑靚，靚挹上座語以道妙曰：予亦曾受諶母要訣，君為律仙之長，非吾儕比肩，何承下問乎。二君謙謝而別。偶想眞請

見鄉民盛烹宰以祀神且相戒曰祭不腆則神怒降禍許

君曰怪崇敢爾乃召風雷伐之拔其林木明告其里人曰

妖社已除無用祭也又見此處人苦遠汲乃以杖刺社前

涸澤出泉以濟之雖旱不竭二君還訪飛菇處見菇立於

道旁遂建祠宇於此每歲八月三日必至朝拜許君年已

八旬容顏若壯回至南昌猶牽雙親康健舉家無恙遂於

冷水觀爲人驅邪治病常挂銅劍於壽松上其枝盤屈奇

古後名挂劍松豫章少年好道者知許君廣有法術皆來

師事尊之曰眞君常欲從之雲遊眞君知未盡誠密以炭

化美婦夜散於羣弟子處試之明旦召視不湟者僅六七

人餘皆自慚而退、後卽其地立妙明觀眞君朝出暮還、輙

翔自得偶江行見覆舟垂命者卽復波攜救數十人得活、

內有粵商彭杭感活命恩遂以女妻眞君次子莊復散家

財師事眞君端愼之至密修仙業得付秘要纖悉眞君念

旌陽故民西渡小蜀江江于主人朱老迎棲甚勤眞君感

其誠意戲畫一松於其壁自此肆中穫利更倍家業以饒

後江漲潰堤市舍俱漂惟松壁不壞眞君旣至邑市父老

猶識、皆來圍擁話舊眞君八山採百藥施治百病輙愈皆

呼爲許旌陽云眞君邀吳君冀說止敦亂見其壽命將盡、

就座中隱身將會鮑公徐寧遷吏部郎還謁師尊座中一

○葛洪

一葛蕘

二鮑韜

三鮑晦

四潛光

五顧秘

少年丰神飄逸叩於靚靚曰吾快壻葛雅川也稚川名洪

孝先之孫存之次子兄蕘早亡父母去世稚川生性恬淡

雖藜藿不充而樂道無愁苦貧不能置書每伐薪擔至城

市易紙筆惜人興書且抄且讀不畏寒暑遂成大儒或勸

之出仕洪曰讀書為明理耳豈為功名哉故惟杜門却掃

偶在青黛白石間箕踞靜玩值鮑公散步見洪秀異遂妻

之以女公有子曰韜曰晦女曰潛光亦好玄理公最鍾愛

此佳壻朝夕講究丹吉徐寧言於司徒導召洪補州主

簿不就是秋新都山賊亂等處勑顧秘往討秘見洪器字

軒豁試問方畧洞鑒賊情欲屈以惟幄鮑公勸勉洪不能

辟先發檄各郡縣、調兵進勦賊入膽破洪、即請秘招安其

地盡乎遂各新安祕表奏嘉洪之功、賜爵關內侯洪謹辭

乞為漏令携妻子赴任吳許二君知金陵禍亂未已請

見鮑公曰吾師居此危邦子覩曰昔師陰君所云今及期、

矣行將避去吳君曰可同隱廬山龍曰壻在交趾欲與之

為伴明日遂卒殯於石子岡蘇峻亂賊欲其墓棺中惟大

刀一柄訇然發聲如雷賊衆駭去吳許欲還豫章許君問

盧山仙跡吳君曰昔遊三石梁長數丈廣不盈尺下視杳

然無底遂躡梁而度有金闕玉房一老人坐琪樹下拜問

之云是河上袁翁來招匡子與語以有緣杯盛甘露授我

許君曰嘗讀漢書文景屈禮河上殆此老也吳君詰曰河

上公能講老子或即是耶盍再謁之遂南出晉關抵廬江

口欲買舟入山因召舟師語之答曰雖有舡隻怛乏刺舟

人、二君曰上以舡載我我當自行仍誡之曰如入舡但瞑

目安坐切勿覘視於是默召二龍挾舟以行離水淩虛二

君端坐談論俄抵廬山紫霄峰金闕洞前龍行拽發林木、

戞刺響動舟師偷目潛窺二龍知有俗入委舟峰頂而去、

舡底遺舟人見此靈異拜求濟度許君曰囑汝勿窺汝故

跡尚存、舟師何幸、

違我令乃爾因教以服餌靈草遂隱於此、後得辟二君周

行山頂尋老人不得仍歸舊隱修煉郭文舉於戊子歲尸

解犙亭山有老子經二卷以緼暴懸於星梁求嘗見其必

讀山下有徐凱嘗師事受籙上將軍吏兵竝現形注授

社竈神戒凱曰不可有房室不復為君使矣凱後妻暨氏

女諸神即隱不現惟餘籙吏二人譴凱曰汝違師約氏曹

已攝吏兵留我等為守太上籙不可役使者也凱悔無及

有從弟彎別居海鹽酷好法術、凱以符籙盡與之彎取

所懸之經研究久遂能收束■■更得深解化胎之理、

錢塘社氏女為邪所魅彎偶過為符召之見丈夫著白裕

衣八門彎一叱即成白黿殺之怪遂絕其家厚謝彎不受

歸家一日與羣從兄弟數人登石崎山所春柴日暮彎不

迨明旦尋覓見彎在山塢挾鎌倚石不動抱之唯有空殼、

咸大驚異即以殼葬於山中彎既脫去凡軀追宗究本知

兄所得符籙是郭翁傳來其中隱奧未能悉會必得覿面

質問可究精微聞在吳越散遊遂於東南訪問韻人奕客

偶逢道流潘茂名桂林高典人世居浮山下此山堯時洪水獨高若浮土地賴此不溺吳名其地

高少耽遊嬉不治家業常以瀨居越海為嫌欲瞻中國之

盛永嘉中束裝起行路由東北直上經新都石室見二道

士對奕顧謂茂名曰子亦識此否答曰入由蛇竇出似鳫

行道士笑可其說因語之曰子頂骨貫於生門命輪齊於

日月若能修煉可以輕舉茂名即下拜道士遂授以服食

之法使之習靜居山二十年、猶未示其丹旨并不告以姓
氏及郭翁入山尋盟因言南北互有不足華夷未能一統
茂名復與雲遊之志欲覽形勝訪高明乃拜辭道士郭翁
貢茂入吳道遇徐灣言訪郭茂名指在石室灣謝去茂
名至建康聞茅山張道士善談空無廣懷道法乃造謁問
其本末道士不諱云是定襄張玄賓少讀儒書兵法曾舉
茂才始師西河薊公得服術法行洞房白元之術後遇樊
子明於少室授道變隱景之道曾受石世龍聘翼成王業
雖應天數終爲亂世乃借尸解遁回昔寓天柱山領上帝
敕命來華陽大內爲理禁伯主諸水雨官茂名更問虛無

之說賓曰樊師嘗言宋君偏斯得無無之旨甚深託職葛
君遨遊人間矣我往尋年餘遇一道者於海濱蓬萊閣云
姓朱名晨生與論竟曰粗得其意晨生寄語云百年後當
回少室栽因往告樊師適桐栢諸仙來嵩山作會知子已
賓曰忞無者大有之宅小有之所以生焉積小有以養小
得所傳反覆盤問遂欵曲剖說皆不能折茂名愈欲懇教
無見大有以本大無有亦無焉無無亦有焉所以我目
多不見物亦不見無寄有以成無寄無以得無於是無
則無宅也太空亦宅無矣我未生時天下皆無無也歲各
謝教辭歸賓謂曰子鄉水漈無患遭旱奈何我職司雨水

鮮卑

慕容皝

更為子導之吾知桂林一處羣峰環翠盛夏如秋故漢名

其地高涼傍一山泉出巖下此龍湫也旱時可禱於窟中

立應此湫與蒼梧龍山相通故耳龍山上有風雨茂名同

鄉愛東山峰巒起伏隱以煉丹自養後屢大旱教士人往

禱果驗民感之因名東山曰潘山有司奏聞累徵不起賜

改高興地曰茂名以彰功德咸和八年正月朔畫頌四星

如斗帝驚疑羣舉陳訓知星召問之訓曰此主燕趙蜀楚

四處君宰在一年中悉見夏五月慕容廆卒子皝為遼東

公六月天雨大雹河西介山湾下深丈餘人畜打死萬計

石勒驚問侍中徐光曰去年陛下禁寒食介推帝鄉之臣

九

也歷代所尊或未宜替勒遂令并州寒食如初又聞房淵

水變赤色勒遂得疾而殂禍福將至鬼神前知

學問之道進而不已弟固可勝於師卒未有如吳君之

轉師其弟者俗見之囿人如此

英雄回首即神仙斷無治世才而能出世者抱撲從戎

亦子州支父遺躅

吳許使龍駕舟而不遂乘之想龍背原不大穩耳否則

疑仙家之作事兜搭矣

無中生有自有還無即陰陽闔闢之機也故執有不是

執無亦不是當自看眼莫作依樣葫蘆

○○和尚前知石虎心○○○壺公歷試長房意

去年四月一日天靜無風相國寺塔上一鈴獨鳴澄謂眾曰鈴音云不出今年國有大喪光等將勒柩行葬東陽山谷是夜忽不知其所在眾以為神乃儉儀文虛葬高平陵

弘即位（明年改元延熙亦異）虎自為丞相晉陶侃家僮百餘惟一奴不喜言語常黙坐侃一日出郊奴執鞭隨胡僧驚禮之曰海山使者也侃異之至夜失其所在甲午六月侃薨帝命王禮葬賜謚桓是夏成李雄殂帝以訓所言屈指皆驗召為司天奏言趙代蜀復有易位之變遣諜者徃探成立李雄兄子班雄庶子期殺班自立代王賀儁己死紀那為王初

吕紀那

吕翳禩

石束

吕石虎

建武

鬱律長子翳槐同庶子什翼建出奔別部至是復取大位

時石虎廢主弘自稱居攝大趙天王陰使人殺弘一家弘

三子束逃入蹋頭投姚弋仲處乙未虎改季秋遷都於鄴

澄歎而歌曰維鵲有巢維鳩居之勒不悅問何意澄曰天

運東霸城二金人鎮之初建平二年九月勒如鄴建新宮

數己定不可挽回勒問其期澄曰準在四年今月勒怪其

惑眾稍踈之及虎簒位遷都悉如其言虎傾心奉事尤謹

重於勒乃下書曰和尚國之大寶榮祿匪頒何以旌德從

此以往宜衣以綾錦乘以雕輦朝會日和尚升殿常持以

下悉助舉昇太子諸公扶輦而上主者唱大和尚眾座皆

起、以彰其尊又勅司空李農且夕親問諸王公五日一朝、

朕敬焉詔民樂事佛法者聽之於是百姓爭造寺廟削

髮出家澄錄誠一者為徒時有弟子法常此至襄國法佐

從襄國還相遇梁寨城下對車夜談言及和尚此旦各去

法佐入觀澄澄逆笑曰昨夜爾與法常交車共說汝師耶

先民有言不曰敬乎幽而不改不曰慎乎獨而不忘佐愕

然愧懺自此國人每相語曰莫起惡心和尚知汝及澄之

所在無敢向其方面涕唾便利黑暑征長安此山羌墮伏

共中不能出時澄在堂上坐法常在側澄忽悵然曰郭公

陷敵令眾生咒願澄又自咒願須臾更曰若東南出者活

張駿

咸康

杜后

桓景

餘向則困復更咒願、

東南走馬乏正遇帳下入推馬與之獲免推驗時日正澄

咒願時也黃河中舊不生黿忽有得而獻者澄歎曰桓溫

其入河不久咒子後果應之晉謀者悉以三國事回報陳

訓曰趙成強暴亡可翹足而待恐代之為患中原正未已

耳時西涼張茂卒[諡明]世子駿嗣立[子寔]遣使假道達晉庚亮

為大將軍鎮武昌乙未改元咸康帝年十五納丹陽杜氏

為后孫女后美而無齒入宮一夕齒生司徒導有羸疾不

堪朝會帝幸其府拜導及其妻曹氏時丹陽尹桓景機巧

善諫導親愛之因進曰景少患病得波南費長房學文偉

○壺公

方、號子治之而愈其人多道術鞭笞百鬼驅使社公景常從

方、

學一日謂曰九月九日汝家有大災可令家人作絳囊盛

茱萸各繫臂上登高山飲菊花酒其禍可消遂如言出遊、

日夕還家見牛羊雞犬皆暴死自是眾皆歙服九日登長

房曾為市椽見一長髯短身老翁自稱壺公賣藥於市口

不二價治病悉愈得錢便施與市中貧乏者餘則以付酒

家沽酒自酌常懸一空壺於酒肆屋角日暮輒跳入壺中、

人莫之見唯長房於樓上窺見乃日日自掃公座前地供

奉酒脯公受而不辭積久長房不懈亦不敢有所求公謂

日日晚無人時可來會我如期而往再拜問道公曰明日

三

施之常

謝元

施存

可更來、當與子語、旦日果往公曰見我跳入時、卿便效我

自當得入長房依言隨公一跳不覺俱入壺中矣、但見樓

觀重門玉堂嚴麗旨酒嘉肴盈衍其中侍者數十人公與

長房對坐共飲飲畢而出公屬不可與人言後日至長房

樓上曰我於姬周時為魯人施之常孔子弟子秦時復轉

真人是上古真仙徃師受其秘遂悟前因自號施存漢初

生於楚之九江姓謝名元好道術聞南城中華山有浮丘

遊華山造謁殿庭西嶽真君命我處位天曹檢錄羣生罪

過掌劫運兵革我謂神仙閒曠豈知原有司牧因不奈其

煩終日散誕真君常例五年一料察僚屬功過以公事見

責幸我師浮丘說情得免罪愆下謫人間師授一壺其中
別有天地教我在世救度行滿終歸仙境下山自號婉盆
子或稱為胡浮先生復師黃盧子賜號冲和遊行幾百年。
若無有緣者卿必可教故能見我長房頓首曰俗人無知。
華謬見憫剖棺布氣生枯起朽公曰今事畢當去子能
隨往乎長房念家人為憂公曰如此樓下有少酒與子為
別長房使二人往取不能勝復益數人扛之亦不能舉公
聞而笑下樓以一指提之而上衆視器中如有升許公曰
竟日不盡長房起問曰欲使眷屬不知得相從可乎公曰
易耳乃取一青竹與長房身齊者授之曰卿歸家便可稱

疾以此杖置臥所便來長房領教回。且先以竹杖懸舍後、

自將託病不意家人徃後見之認是長房縊死奔告主母

大小驚號長房在傍熟視而人莫之見即詣公所公提壺

前行長房隨入深山踐荊棘中公留使獨處羣虎咆哮欲

嚙長房全不恐懼明日公納於石室中上以朽索懸一巨

石方廣數丈令長房臥於其下有眾蛇嚙索幾斷欲墜長

房不稍移壺公還至撫曰子可教也復使啗屎中有三蟲

臭穢特甚長房意惡之公歎曰子幾得道恨於此不成食 可惜

此則三蟲旣殺形骨頓易便可飛昇蓬島即抓糞於掌中

擲之成一紅熟大桃長房搶前求食忽有一鶴飛下呥之

而去長房愧泣公慰之曰牛為信未至極故不即得飛仙

本賜子為地上生者可得壽數百歲若更修省何患不遭

斯域也我有召軍符役召鬼神玉府符施治疾病縮地符

能拘地脉千里宛在目前放之復舒如舊諸符凡二十餘

卷為傳子封符一卷彙諸精要帶此可主諸神鬼後欲會

我或在臨川巖頭也復授以竹杖曰跨此可頃刻到家即

以杖投葛陂葛芒中、長房拜辭乘杖倏焉至家自謂去經旬

日而巳十餘年家人謂為鬼物惶懼莫前長房具述前事、

猶不之信乃斲塚剖棺唯一竹杖在焉衆始信之長房即

特二竹杖令棄葛陂中　西南　行及數步耳蜓聞風雨聲、

汝寧城

顧視二杖兒二青龍交繞盤旋、騰空飛去、長房乃行符治

鬼療病無不愈者、每與人坐語忽呵責嗔怒或於僻處亦

然人問之曰吾責鬼耳嘗欲食客而使人至宛縣市鮓頃

史還乃飯或一日之間人見其在千里外者數處汝南有

鬼悴歲數來郡中從騎如太守入府打鼓周行內外乃去、

適長房詣府廳正值鬼來府君馳入獨長房在鬼不敢前、

長房大呼捉來鬼下車伏庭前叩頭乞哀長房喝令復真

形即化爲大鼈身如車輪頭長丈餘長房以一札符付之

令復人形馳送葛陂君鬼流涕持札去衆追視之見符札

立陂邊怪以頭繞樹而死自此傳播從學者甚衆桓景因

亦奇

好看

薦於王導長房曰尊慈不必自服藥餌須以一物與夫人

作糞食之乃出一鸚鵡鳥與導別去導未敢試用景曰我

師必有剝音諒不謬也導命庖人調羹以進夫人服之導

病果愈體漸肥健蓋曹夫人性妬導別蓄姬妾兒女成行

夫人悉逐衆妾兒女及食鸚鵡妬疾已除悉召還諸逐者

四 陶回

是夏熒惑守南斗經旬導議遜位以厭天譴康樂伯陶回

曰明公日與桓景造膝熒惑何由退舍導畏疎景以妹丈

四 何充

何充代爲州陽尹蘇峻亂時焚康僧會所建之塔充復修

造乎西游軍趙誘世不奉法傲蔑三寶領衆入寺謂諸道

十 趙誘

入曰久聞此塔屢放光明虛誕不經耳言竟塔即出五色

此照耀堂刹、誘蕭然、毛竪由此敬信於寺東更立一小塔

以報□孽桓景去任、欲追隨師遊長房已離建康時東海

大旱三年祈禱不應長房往謂請雨者曰龍神有罪吾繫

之葛陂當赦出明日便令降雨也衆謂其語涉荒唐唯卜

大雨衆始信其神長房於此驅邪治病甚多居年餘欻去

者沈揚安有心察其狀異乃留在家歆以酒食明日雷電

以封符授揚安曰可行此術於世我將南入臨川也并告

此符從來揚安施治亦驗此符流後名壺公符長房臨去

戲以一技投溪中化爲巳形人見之疑其與鬼爲讐令失

此符爲衆鬼所殺各歛錢殮之、入溪撈取屍忽發聲咚咚

趣甚、

1932

視之是一大鼓。衆愈驚異長房不半日至臨川南豐一山

訪士人有壺公否答曰頂巖曾有懸壺先生委蛻長房拔

薴上巖中惟一榻堅如沉香視其屨痕尚東南即尋踪至

中途詢二樵者云曾入鍾石山見一翁有異問居此幾

時曰五百餘歲問屋宇何在以手指石遂開為門化鶴而

去想與壺隱無干下有仙門洞、二樵曰去春於晉安南山

絕頂遇一老翁見宮殿巍峩似非人世間何所問曰壺中

日月也長房拍手曰此是矣二樵指明路徑長房往觀形

勢方銳如圭凡八面從西南上及山腰壺公迎至曰故友

至也長房拜問起居公叙久濶携手曰此盤陀石法流泉

濯纓沼、碧溪灣、虎丘巖為五景、山陽一巖曰靈雲有桃花

洞、蘸月池、泉石最奇我弗他適也引長房居嬰宮琳殿朝

遊名勝之地暮歸宏敞之宮興化有壺公山絕頂有泉出

每禱雨見雙

蟹出立應、一日同入建安一山俯瞰大溪見石壁峭立

公嘗手以指刻壺天寨水玉屏六字每字徑三尺許體勢

遒勁笑曰聊記遊興長房居數月拜求度世公曰子之祿

道當先見毛人後乘黃鶴只在武昌尋自有子師也又留

旬日別至武昌日訪毛人見一人如覓物狀長房邀問曰

宣城素精也前入山遇一毛人長丈餘足寬二尺許我心

甚怖因告其母病思茗求尋即招至山曲示叢茗處採之

△△△△△石穴中其脈通海視潮盈縮

(一)毛人

(二)秦精

原送出山、臨別復探懷、遺一鮮紅巨橘、我不敢接、貢茗歸、

煎以奉母、頻起比隣病者、以餘茗煎之、暑嗅遂愈、欲尋故

茗處、累朝不得、長房得信、且趙境大蝗、就居武昌等候時

石虎晝寢、見羣羊貢魚從東北來、瘖訪佛圖澄、澄曰鮮卑

高句麗王

其有中原乎、虎遣使說高句麗王進兵東陲、復結蜀以制

晉得專意謀燕、成李期信任、舉小忌、從叔壽威名　永昌劉文瑁

十任調　使屯涪城、壽與長史任調謀、調曰、近市有隻目卜者占斷

隻目者　如見、人爭問之、壽召入默禱、卜者筮得乾卦、賀曰、主有數

龔壯　年天子分、但身後不延、壽留卜者於府、開巴西處士龔壯

褐袍隱翁　善謀能斸數、聘不應、壯師事金城山褐袍隱翁、復來聘壯

漢△

隱翁勸之行、至洛尊爲上客、問自安策、壯曰、發兵必克成

都事定、稱籓於晉、壽襲破成都、期自殺、壽稱帝、改國號漢、

○李壽 乙△
建元△
漢興逆壯爲太師、固請還山、卜者亦逸去、壽興晉和好、咸

○漢興 乙△
康四年帝以導爲太師、顏含徵爲光祿勳、含雅識乾象、北

向歎曰、諸胡若電光耳、代猶火之始然也、十年卒、致仕二代王翳

代
槐袓什翼犍立、勇畧東自濊貊西及落那南距陰山北

○什翼犍
盡沙漠沙陀劉曜袓熙立、通好於代、犍末娶求婚於燕鵔

○劉熙
妻以妹己亥燕受命於晉秋七月丞相導薨、年六十四、詔葬以

十蔡謨
王禮、謚文、疏薦何克八月太尉郗鑒薨、表蔡謨以郗鑒雅

三郗愔
好仙學與方外譚易、晚年有得子愔、樓心玄寂、鑒知非撥

亂才更命字方同教其如泥九封戶勿與外事惜隱會稽

終老鑒遺表言毛寶宜委重任九月石虎攻洧南鄴城毛

寶城陷披甲投水如墜石上載送東岸俯視乃微時所放

之龜、寸置養甕中、漸大、放之江中、<small>放生龜報</small>

召寶為驍騎將軍庚亮病篤付弟翼代領翼薦桓

溫於朝詔為徐州刺史石虎遺漢書約攻晉冀牡疏諫壽

悟虎命麻狄為鎮南將軍藥城西陵與鄴城連狄太原胡

胡秋為植性虓嶮烏毒兒啼母輒恐之曰麻胡來啼聲遂

勒開國

絕親姑在蓮花峰常賣麻姑惟務嬉戲教其勤行以益身

心。姑遵命杜諸聞務自尋立功之道聞麻狄兇狠好殺喜其姓麻欲化之向道乃投其家為女年十二三儀容莊靜。

絕似大人氣象愉色以承柔聲以諫、

五眼六通佛氏之餘技圖澄舉動幾於慧眼者乎

壺中日月長房既得歷之道緣已至故其心堅而無畏。

長房識王導疾輒進奇羨蓋已通可仙矣豈鶴鶊之真

能療妼乎意亦壺公符之靈驗也

幾年僭國亦自有數故得仙真指點若李壽者是也

能使惡人改行世受其福為功甚鉅麻姑所以委曲於

胡狄也觀其悔過遷善則知世無不可化之人而性之

本善益見。

○○○ 小麻姑釀酒化頑 ○○ 繁陽子投符度厄

狄愛之、皆稱為小麻姑姑屢諫曰殺人還自殺好生還自

生願勿妄殺狄怒不聽晝夜趕工築城惟雞鳴令少息姑

愐之假作雞鳴羣雞皆應狄覺欲撻之姑逃入豫章南城

羅山中上有瀑布龍巖碧蓮池姑獨居丹霞洞中餌芝飲

澗常有素時避難人黎面飛行夜聞嶺頭猿啼悲切姑全

不懼又聞鳥聲如簫鳴從福山來知有異人徙就之遇文

殊大師受智利之妙後王方平遊乎都回路經於此喝姑

曰浩刧高眞應世而來人間遽忘却耶自此指破前因姑

即結壇煉修年餘道成取神功泉水釀酒携歸探父狄思

女雙替大悔前非忽聞女還大喜飲其酒兩目復明姑辭

去不許奔至城北石橋跨大鵬翼曰飛空遂名昇仙橋建

飛仙亭於側、麻城有姑拜復藐姑東遊车平大昆侖愛其

山景餘名姑石落村劉氏於海濱得一百丈大魚曰之而

取其骨搆室曰鯉堂前有大槐劉家忽夢一女稱麻姑乞

槐建廟風雨大作失槐所在報槐卽於昆侖山上即募爲

姑立廟麻狄南守石虎擊燕慕容恪子、覬次敗之報提於晉

詔覬爲大單于燕王明年見黑白龍各一覬以太牢祀山

下曰龍翔舞而去覬遷都龍城新宮曰和龍建佛寺於山

上名龍翔時高詡黃泓在燕詡爲左司馬泓爲太史泓謂

〇宇文部　燕氣正盛、當得土地、競伐宇文部詡曰伐之必克然不利

〇天余國　於將詡中矢卒宇文降復襲天余國拓地千里晉遣使賀

十瘐氷　咸康八年成帝崩庚氷立瑯瑯王岳為康帝成、（帝同母弟）褚裒女為

四康帝岳
　后、號建元、改翼氷幼嘗令郭璞筮公家及身卦成曰建元之

△褚后
　末丘山傾長順之初子洞零速改元或謂氷曰子忘郭生

十褚裒　言乎丘山上各此號不宜用氷撫心歎服晉安江漁父得

〔建元〕　金鎖引鎖盡見一金牛力挽之脫去詔立金犕廟金鎖江

　甲辰翼表桓宣伐趙桓溫出淮泗趙人危擾虎瞋目曰奉

　佛而致冠佛無神矣圖澄明旦入責曰王過世經為大商

　主至廬寶寺嘗洪大會中有六十羅漢吾身亦預斯會今

四　穆帝聃

永和　會稽王昱

□張重華

謝艾

□李勢

王為王豈非福耶、疆場軍冠國之常耳。何爲怨謗三寶夜
興毒念乎、虎信悟、跪謝、造將拒戰、宣兵敗而卒、九月康帝
崩、在位二年、立皇子聃、年二歲、孝宗穆帝

卒、和即長順意、乙巳改元永和、褚袁輔政薦會稽王昱自代、少子重華
元帝十月翼

卒、遺表舉桓溫、昱以爲安西將軍、丙午、張駿卒、世子重華

假涼王爲武諡、父文王厚葬之、得赤玉簫紫玉笛、石虎

調麻狄乘喪擊涼、梓潼君於建興、未化作儒士、稱謝艾爲

張軌主簿至是、趙俶艾以千人擊之、狄單騎遁、桓溫欲

乘間定蜀、漢主壽已殂、子勢立、驕淫失政、丁未溫由三峽

進兵一卒獲猿子戲擊於阿、老猿緣嶺哀啼、斷巖處潺身

卜裝喬

落艦而死卒復剖其腹腸皆寸斷溫怒斬其卒至埭開見

石陣驚疑欲異道而進江夏相袁喬曰懸軍深入當合力

一戰溫從之直指成都勢降十六年共四溫引譙獻之為泰

卜譙獻之

佐訪冀壯不得戊申加溫臨賀郡公朝廷憚之昱表殷浩

一殷浩

為中軍欲賴以抗溫浩辟王羲之子郄曇愛曾稽佳

一王羲之

山水於蘭亭修禊賦詩每詠老子之戒定止足之分當世

一管霄霞

以善書名山陰道士管霄霞善養鵝見而悅之霞曰能為

寫道德經當舉羣相贈羲之欣然代寫罷籠鵝而歸守永

④張文君

嘉時造丹霞山訪張文君曰內外協和家國可安遂通

入竹叢復王粵西遇道陵降授丹訣即作鼎修鍊九轉丹

三

成是秋重九道陵引登白雲山飛昇、平樂界丹竈羲之既

○慕容翰 辟浩勸結燕涼以圖強趙時慕容覬忌熶庶兄翰出田墮 不弟

○慕容儁 之報、崔死子儁立趙惡涼從晉攻之累爲謝艾所敗沙門谷生
之報、

○谷生 言於虎曰胡運將衰當苦役晉人以厭其氣虎祭近郡男

○佛之罪人 女重築華林園燃燭夜作風雨死者數萬未幾谷生忽自

○姜伯眞 拔舌而死初有姜伯眞在猛山採藥遇一人稱嵩山道士

○嵩山道士 使伯眞平立日中背觀其心不正謂曰勤學之至而不知

心之不止爲失因教服石腦法色斑柔軟形如小石所處

皆有久服身熱而不渴後得尸解如蟬蛻其徒朱庫少善

○朱庫 音聲存心仁厚亦得其法不飢渴不衰老復遇嶇呀蔡眞

黃衣道士

人授陽生符以此濟世自號繁陽子潛往趙境見死七枞
、藉夜以符投之厄肢體全具者悉起所活萬餘庫歸與親
舊話別尅日便發單衣白恰以俟須臾有兩黃鶴下中庭
、庫整衣而臥復有一黃鶴至與二鶴共飛向東郭外成三

黃衣道士攜手東行庫後隨之因鄉人附書歸家人撥其
屍空衣而已佛圖澄見虎盧民雖為劫運每灌楊柳净水
咒諸死者令脫苦趣虎問佛法不殺朕非刑殺無以肅清
、既違戒殺生雖復事佛誰獲福耶澄曰帝王事佛在體恭
心順顯揚三寶但當殺可殺刑可刑耳若恣意殺害非罪
、而奉佛事法無解殃禍因請除工役即免之虎於臨漳修

澄所言難不能盡從

常住專鑑　卷一一　第九節　　　四

而為益不
少

△秦公韜

丁太子宣

治舊塔少承露盤澄曰臨淄城內有古阿育王塔地中有

承露盤及佛像其上林木茂盛可掘取之即畫圖與使依

言果得盤像楊州進黃鵠五隻頸長一丈鳴聞十里外命

泛於玄武池以為祥物虎愛次子秦公韜太子宣嫉之戎

申七月宣至寺與澄同坐浮圖一鈴獨鳴澄曰解鈴音乎、

云胡于洛度宣變色澄知其將圖相殺謬答曰老胡為道

不能山居無言重褍美服豈非洛度乎韜後至澄熟視韜

懼問澄曰怪公血臭八月澄使弟子十人齋於別室澄趂

入東閣虎與杜后問訊澄曰脅下有賊不出十日自佛圖

西北殿東當有流血慎勿東行后曰和尚耄耶何處有賊

1946

澄即易語曰、七情所受皆惡是賊。後二日、韜宴東明觀東

南忽有黃黑雲如數虹、稍分為三狀、若定布間有白雲如

魚鱗、韜善解天文、顧左右曰當有刺客起於京師不知誰

定當之夜宿東明精舍有賊緣入殺韜虎令李農緝捕知

太子所使澄進諫曰皆陛下子何為重禍耶能忍怒加慈。

尚可六十餘歲如必誅之宣當為彗星下掃鄴宮也虎不

從置宣極刑月餘有妖馬毛尾皆燒狀入中陽門出顯陽

門、澄歎曰災期及矣至十一月虎大饗太武前殿澄吟曰

殿乎殿乎棘子成林將壞人衣虎令發殿石視之有棘生

焉、俄閱小是夜澄還寺視佛像曰悵恨不得莊嚴又獨語

曰、得一年乎、自答不得不得、乃無復言還房謂法祚曰已

酉石氏當滅吾及其未亂先從化矣勒虎奉事澄如父師

而澄規為鸛鳥遣人與虎辭別虎憫然至寺慰諭澄曰國

家心存佛理奉法無斎宜享休祉而布政猛烈終無佛佑。

虎悲慟知其必逝即為鑿壙營墳於鄴西紫陌至十二月

八日焚香靜坐喚弟子至曰吾佛大會仙釋子將恭逢其

盛、汝等護持法寶遂閉目不動春秋百十有七虎重至鄴

宮寺勑殯殮親送葬於墓已酉春虎立少子世為太子元

寧有沙門雍州來詣闕求見虎曰朕自國師升天不欲他

見也沙門曰見一僧西入關憩於鄴縣道上其覆屨處旋

○劉后

○石世

○石閔

○石遵

茶姥

生一樹後各淨土樹凡三月花八云是佛圖澄欲游流沙

虎亦疑不死因發墓已無棺屍唯一石瘞焉虎甚惡之日

石者朕也葬我而去我將死矣四月虎怛遺命子遵鎖開

右子斌為丞相劉后乃矯詔殺斌遵與石閔起兵殺世及

劉遵即依閔郡督中外晉聞趙亂褚裒伐之與李農戰大

敗退屯廣陵有茶姥者如七十歲人而輕健有力髮鬢滋

黑廣陵耆舊相傳云元帝南渡後見之顏狀不改每旦將

一器茶賣於市不計其值市人爭買至暮而器中茶如新

熟未嘗減也市吏怪而拘問姥供曰我桐君婦也憫民兵

荒故出救耳吏繫之於獄姥持所賣茶器自獄牖中飛去

何勰

後趙

石鑒

魏　永興

冉閔

優鉢羅花

祇園會

嘗飲其茶者、不食不飢兵不能害趙主遵謀誅閔閔刧李

農栽遵立鑒鑒又欲誅閔農聚羯土攻之閔迎擊盡滅石

氏閔自立國號魏改元閔本内黃冉瞻之子爲虎養子虎

初成武殿圖古聖賢於壁忽變爲胡狀旬日頭悉縮入肓

中佛圖澄歎曰羯無噍類矣澄初東來如來謂曰祇樹園

林優鉢羅花將開約諸眞來會汝旣弘法教屆期當歸澄

至是回天竺靈鷲山小沙彌言佛往舍衛國給孤園澄往

拜見釋迦曰前迦葉歸花未放葩汝來正花開時也華人

初霑法雨吾教嗣當廣敷東土矣澄曰眾生罹刧我佛慈

悲蓋命一二弟子剔鬚南北佛言尚有治世天尊及五老

監齋使者
冠一作誕
醫佛藏府

三清古佛燃燈在將邀集議、自有定局、竛作禮日、如是如
是、爾時佛設會於祇園、命伽藍遍請諸眞、上至過去一切
諸佛三清聖境、九天金闕下及海島名山、先至中嶽燃燈
太師處、啟知分投去請、祇園主人慈氏大雄彌勒、命揭諦
神在園中布席敷座、監齋者於香積厨造蘇屠妙供應用、
靈兒眞女各擎輪螺幢蓋、花冠魚腸、為八大吉祥、散佈雲
空迎候、羣眞在三天論功於太上前、老君曰、再立二十四
化、分別人鬼、張道陸之功也、羣胡擾攘中原、戕賊生靈不
能戰、始尹喜之過也、各宜登臺寅思、取驗於大道、勅尹登
一蓮花寶臺端寂而坐、頃之萬景昏瞳、命張亦登斯臺、既

七

隋者隨也

坐則奇彩異光、種種變化、天人交暢、自是以道陵代爲大法師、賜號昆陽、命嗇自立功行、正在分表、報有佛旨來請赴會西母、命容成王倪預約諸眞集於瑤池、老君駕玉局、張尹二眞隨至崑崙、元始靈寳玉皇黃老赤精水精東華、金母太乙眞武宛丘浮丘應元鎭元玄女鬼谷各帶諸徒、恭候太上駕臨、迎見叙會、後間閼赤松魯般共乘飛來檻至下座、曰適至中條奉賀伊周功成守山、孫老言及方知、（上眞亦說趣話、）能可帶挈否、西母笑曰、如來處無酒莫冷淡也、衆大笑天女獻茶果、命駕起程、蓬來慈航文殊普賢下坐騎於天衢稽首、齊望西進、

有馼龍車或憑鳳輦都騎靈鶴間跨文鸞赤虹蹯焱舞

紫電於長空壽鹿追風投素瓊於碧落墨麒麟烏雲捧

足金毛吼黃霧縕身青獅為百獸之王白象寶眾生之

相諸弟子能御虛行六甲丁慣乘駱走掩映一派祥烟

繚繞半天瑞靄、

一人面冑貫甲降魔杵橫架臂上合掌當胸言奉佛音來

迎燃燈曰此子自幼全真名曰韋駄從吾學道證位天王

能日遍三洲尋聲感應法力無窮以此稱三洲感應護法

尊天眾稱善哉已至舍衛城釋迦領諸大弟子五百阿羅

漢比丘比丘尼優婆塞優婆夷毘羅四大天王密跡金剛

六大緊那羅王火首八部金剛天龍尊神伽藍揭諦等衆

迎接諸真令吏兵侍衛分屯空中齋至雷音寺山門口立

哼哈二將入大雄寶殿果是莊嚴法界相見叙坐如來命

延藥師接引準提勢至諸道侶相陪趨過西方殿恭邀八

園筵宴遙列諸離婆多宿星周圍提婆犀那軍，天中有一猛獸

守門狰獰其勢虓虓其聲揭諦奏此獸世名白澤楚音謂

僧伽彼獅類也實為瑞獸能言語辟那令通達應對白澤

舐唇掉尾諸真調玩移時進園但見

黃金布地白玉為階生成七寶樹二珠樹其多樹娑羅

樹金輪樹無影樹泰天夾道結就金剛子菩提子靈珠

薝子甘露子莫櫑子木德子匝地摇風蘼蔔花金燈花纓、

絡花下藉蕋蒻香草羅漢松萬年松卧雲松上樓聽法、

珍禽八功德水瀲灔池中九品蓮臺泰差花朶幾株鉢、

羅木滿樹優曇花枝迎慧日蕁㠪祥風近含般若之光、

遠布栴檀之氣堪稱異卉無雙洵是奇葩第一

○須達多

眾間祇園名義接引答曰昔有須達多長者白佛言弟子

欲營精舍請住積有微謙奈無片地、

義之為字法之宗書仙也換鵝經遂傳千古、

繁陽活萬餘枯骨速證仙階宜也然原其所自蔡真人、

世上紅塵為道士塲、後亦飛升仙去

當加仙秩。

1955

五胡亂華自古未有之大劫圖澄欲以佛法救之抑亦乎彼耳。釋迦必請天尊理之，行其本矣蓋治世之權固不在也。

帝王治世以法律令刑政之屬上天治世以劫水火兵疫飢災是也如其預者惟務以姑息不治則必殺奪自由何以爲世界亞

佛士號極樂究竟何義善知識宣言曰以無八苦十惡道也

阿羅漢殺際頂惱遠離諸惡堪總供養不受三界轉生故得傍如來親炙妙道。

江夏明陽宣史徐衞述

汝南清真嵐姑李理贊

包山琰樓秘本

○○○會祇園闡明劫運　○○○得真種立就還丹

惟祇陀太子園廣八十頃林木鬱茂可居因白太子戲曰

滿以金布便以相與須達多出金布徧太子笑而捨之即

以金建精舍凡千三百區為佛說法處又常給孤獨亦

以給孤園眾歡喜瞻玩見牆東散處十人各有三面有

三目皆頭上頂佛以虎皮為衣髑髏為冠髮鬘立眾怪

曰此十大忿怒明王也訥髮曼得迦

尾嶷難得迦

不勃尊眇視你羅難勾大、如來擬以應供諸眞省咸點頤

力送婆羅日羅播多羅、

讚歎步至昆羅殿釋迦邀請入席太上曰向在五老處每

叩首座老佛與我素有因緣元君今當上坐五老不能辭

以次三清上帝諸眞主席是過去未來現在三世諸佛西

方四老南土三大士燃燈釋迦及諸弟子等依序坐定揭

諦捧肴果羅列酥醍醐甘露上獻羣眞飲之曰香勝天漿

味逾沉瀣眞佳品也釋迦謙言無以爲敬諸天尊有未識

過去諸佛西方四老者拱手啟問燃燈曰古佛虛無者難

窺測僅知有勝觀者維衛昆婆尸也寶髻者劉那尸棄也

一切自在者毘舍浮也所有應斷者俱留孫也金光寂默

者拘那含牟尼也身飲光者迦葉也琉璃光本願深能為

世延壽消災所乘白牛有乳與北海石頭之魚凡比丘有

難往告即與之食是為阿迦雲藥師佛身如金色相好光

明度眾生以四十八願化菩薩化眾億無邊每於冬至後

二日化度下方是為清靜無量壽接引大師阿彌陀佛心

惟慈悲廣垂加護嘗變現法身三頭十八臂一名蘇悉帝

是為大準提發喜捨心施威猛力十方護法隨處感通是

為摩訶那缽大勢至也，三大士者皆當稱佛為其誓願弘

深度盡世間眾生苦難方證佛號子甚羨之羣真瞻仰未

過忽有無數天女散花繽紛五彩香氣氤氳滿座沾衣點

帝君專錄卷十三第一節

磨累積如祖衆間雨花之故釋迦曰觥索天雨摩尼寶珠

護世城雨美膳阿修羅天雨兵仗閻浮提世界雨清淨之

水此諸天各雨所宜也如君政治則軒轅之精俸為甘露

說法善則提婆女為之雨花赤松魯般沂席曰當借花獻。

佛以博一粲般向外招飛來檻至前如床四柱璅錦為幝

周列畫檻矮欄中設几案玩具車輪開鍵飛車相似赤松

解壺置內頃刻抽條吐蕊滿開優曇花色香無異每花有

數寸仙女覽裳雲鬢歌舞奏樂滿座稱妙某君楚然曰敢

恩華土衆生之蒙慘也釋迦合掌曰正叩請援引太乙曰

老佛慈悲必能解脫釋迦曰吾敎化度頑愚至於劫運輪

旋還伏天尊道力兒始曰下方氣運偏駁北五龍將終南

五龍復出五胡交侵即齊晉秦楚宋五霸之餘烈也與泉

晉偕終其間尚有十四紀不能混一當求道君示老君

曰蜀為晉滅劉曜已滅其忿漢髙之弟交子孫當剪羽殘晉

而繼之蕭曹夏侯同為漢佐而參嬰之後為魏已食其報何

之功大其後將代劉宋而興者再太丘陳弘農楊皆有世

德宜君南北天數離極當合必生一人為真主先驅吾於

東海選一有功矯龍投寄空門降伏暴性而後托生德門

為帝子玊如項羽壯氣末銷子嬰怨憤不觧並乘胡運而

主於北韓彭同功受戮當繼嬰後立國於東西當時共事

者許各隨主爲輔五運既終烟塵靖掃非紫微不能勝任

向玉帝拱手回凡此皆聽勅旨行之玉帝曰星主下界豈

可降生凡族借道君金堂之裔庶爲有本老君曰如此許（趔語）

爲帝王之祖矣時大撓鬥苞請命願助紫微立功太乙許（伏袁衰、伏章皋）

可玉晨曰伊周經營二十載當復降爲蜀帥以酬其勳姜（伏李靖）

雜繫天水龍子令其開國功成然後歸眞可也應元謂寒

袤王冰曰醫自岐伯後離代有傳人二子當再爲表彰寒（伏楊王）

王領命浮丘薦顏卜原歸素王位下水精至聖曰斯時文（伏玉帝）

任玉帝凡之命顏卜原歸素王位下水精至聖曰斯時文

敎大衰無以開來繼徃回也道體彌全安居不出商也必

1962

有未逮可仍托迹魏地與行吾道由也每欲輔世亦宜楷

伏韓混

時而降以行爾志○二子唯維鬼谷門下孫子巳厭世味蘇

張以未得輔正麗子以兩遭箭殞今聞統歸正運俱欲乘

狀房杜徐

時以償凤願鬼谷韻曰尚有魔君混世勿復蹈轍棲身匪

主三子拜謝釋迦曰諸天尊主分因果不漏既五代尚少

一人子命一弟子託生蕭氏以應其運再冷諸弟子直入

中國振飾沙門也齊稱善哉黃老曰後會非遥可以行矣

水公向諸眞訂期曰度朔山桃將熟敢屈法與眾謝別出

園駕輦天丁將吏擁登雲路老君至河上尋漵楊墨念其

伏林韓○

建功補過太乙留宛丘至峨嵋浮丘欲晤王君投南徐去

赤魯坐攝回山集同志賞樂尹眞人辭家殄憤行度莊夫

人潛修日久亦願代天闡化立教佐功俄有仙吏降宣帝

命曰洪誓可為神民幸甚俛代為地皇之任凡仙凡功罪、

懲五臟養其事地后統其權一應刼數氣運悉許乘除判

算上開定案毎其除夕條析施行夫人惶恐受命夫婦努

力下山葛洪自携要揮起任薄賦息訟出遊勾漏山縣治在其

下其嚴宄皆有三閘一曰玉虚一曰白沙一名勾漏所産

勾曲穿漏。

丹砂尤佳洪安丹竈於澗採砍試煉外丹驗之果勝聞始

安廖扶者漢時甘陽遵老子之言絶志世外號北郭先生

家有丹井一锨數百口飲之多壽無病洪徃訪謂之曰昔

余上祖鴻臚公曾為臨沅令有民家世壽考或百歲後徙

他處子孫遂多夭折．疑即此乎扶曰族叔祖平以砂三十

斛實所居井中飲以祈禱名丹砂井泉赤如絳尚在武陵○

非若此之清濁中分也．洪以金易水數斗至懷集縣花石

洞采砂覓金鵝鴲諸物合服之有丹竈中鐫聞石袍山多○

竹木有肉翅虎為患洪曰天生齒角者不與其翼虎而翼

曷能制之○因出丹化諸獸布地虎飛下爭食翼皆蛻去至○

金石山間土人山名何義曰東吳時有道士宰牛求載既○

渡至南岸語舟子曰船內牛溲聊以為謝舟人謂其戲已

怒置之俯視所遺皆金大駭翹望道士跨牛慢行舟子跳

叫緊追見其摩壁騰空手所捫抓皆成之字遠莫能辨訊

名金石洪遙瞻石壁有字攀附上譯古文是祖孫會於虎

林山下孝先示十一字洪大喜即歸縣結裝過海見廣州

刺史鄧嶽解職辭歸嶽素好道乃曰君侯將棄我以爲不

可教乎必欲遠去嶽棄職相隨洪不可遽却聞博羅名

勝求於此遊嶽即建蓬萊閣於羅浮延居之　羅山浮山相

千六百丈周三百餘里嶺十五峰四百三十一洞八大小　合故名高三

石樓二登可望海璇房瑤宮七十二所有仙蝶翅如蓮筬

五彩如繡第三十一峰嶺半多巨竹大

七八圍節長丈二葉似芭蕉名龍悆竹　數年前有眞人羅

秀字致福人修道於鳳臺觀日久丹成於觀後氷塘洗足一

老人云其龍也有病願求療秀賜丹而愈旣入羅山修煉

張道陵乘鶴降教相與遊鄱陽三阜　樂平仙崔山中　阜有靈鶴觀　飛昇

於空衆得瞻望洪愛朱明洞幽深獨居默參內丹之旨長　須得眞種子

生赤眞君祗園會回鑑其心誠撥雲朗呼曰

洪因凝神注想無刻不參一日有古貌道者借宿洪知有

道氣即下拜求教道者云是葛仙公弟子鄭思遠師言後

代有學道者命我傳之遂宣妙旨曰丹經所喻皆繫微言

所云三九郎君二八姹女即父母也戊己黃婆即父母交

媾之媒也陰陽二氣相感相觸即先天之氣也我能聚此

氣於眉目之間結成泰珠吸而吞之即我後天中之眞種

也揉而溫養即水火修煉也全在修持得法則種子成胎

○黃野人｜

時足始產則元神可出化腐爲神而尸可解也○洪喜躍拜

謝思遠曰道成可速徃會仙公鄭別去．洪出囊中黃白傚

辨鼎鑪藥物修合主機依時採取吸眞種歸於丹田由火

候結就靈胎九九功成嬰兒出現可以隨心出入應變無

窮矣洪拜謝天地祖師自號抱朴子優游安隱著書不輟

常躥水會鄧嶽猴作浮橋以濟或入山奉候洪意贈其丹

爲不遑寧處啟末與之有黃姓人長身大力奧暑無衣木

葉爲裳遍體紺毛近寸洪在洞煉丹時來隨侍洪呼爲野

人喜其馴謹錄爲弟子服役如奴隸嘗有巨石橫架羅浮

兩峯之間以通徃來鐵杖｜　鮑公北來會洪言爲蘇峻亂羼

洪抄金匱方百卷肘後急要方百卷

解至此洪述所歷諸事公稱賀開潛光尚在夕漏往授以道頓悟玄理能飛身脫迹隨父至山會洪相勉期躋大道。鮑公每來達曙乃還衆訝其數數不見車馬之跡告知鄧嶽嶽夜潛至閤下聽其講論玄微侯至朝曦射閤命覆公云九九數足當終在七百年後會於雙江合流處。鄧命殞葬聞寂土樓揭帳見洪僵卧嶽驚呼從人一日昨舁屍入棺貌若平生輕如蟬蛻建沖虛觀於塚旁起遺履軒於閤後招道流居守張網得二紫履向曉失去傍晚雙初有人密伺鮑公唯見雙燕飛至鏡失去傍晚雙燕復鮑葛約潛光會於武昌翁婿由營陽桂陽臨飛衡山來。過漱江鎮見山靈水秀留數日洗藥於池洪說頌曰洞陰泠泠風佩清清仙房永刮花木長榮。

其後此地花木四時不烱謝復歪安城郡界一山跨平都、

荓鄉楳盤八百餘里尋問土人云近有武氏者得道於此

釋永公山一峰曰五女開昔有女子修道峰上因名天將

雨則五色雲起一曰葛仙峰相傳葛玄煉丹處洪叩其由

引出婁陽

曰閩宜陽西山中婁陽或知常遊息其間與異人交接洪

尋至一虛朗石室中有不鐘石鼓折木扣之聲如金鑄了

帶出桃源

曰閩童子出問何爲答以來訪婁翁童曰此桃源洞也婁真

在西洞洪西行果見一道者即入洞具述來故婁遂坐曰

陽學於鄭法師陽與君世兄弟也欲留飲洪辭以岳翁久

1970

待同至武公拜見齋疏至方阜陽曰仙公壇場壇北有雷
崖凡數十洞皆藏書處又指一鑴石曰小桃源有仙杳二
株是公手植花實異向洪撫摩歎曰仙公果在虎林否陽
曰嘗於閣皂修煉近因豫章蛟蜃為害必暫避東南鮑葛
與陽重訂會期壯至武昌口家眷正從句漏來夫人忽病
篤臨終囑子姪曰汝囘丹陽相依二舅諸子扶柩東歸輕
如無物附葬石子岡蓋夫人見父壻至故假示終與父僑
寫鐘臺山桃花洞洪期會見祖仙公復來聚首經句容舊
廬渡具區南登吳與之山以望越見一溪澄映問於山翁
曰其水清澈餘溪則不故名餘不近曰孔侯川因山陰孔

愉字敬得一白龜放此溪左顧數四而逝後討華軼有功

封餘不亭侯鑄印而紐龜左顧愉年九旬而終洪曰此好

生之報也至錢塘遠眺羣峰屏列先是咸和七年山水驟

發湧進錢塘西門有金色牛奔入水退復隨出至北山不

見眾立金華將軍廟祀之門名湧金當時高僧慧理慕金

建寺名金牛咸康初西僧渾壽羅雲遊至金牛寺禮佛見

山門對嶮巖幽澗瞪目曰靈鷲前小嶺忽不見却飛至此

眾不信羅曰記有白猿躍試呼為驗向洞口曰千歲翁故人

來何不出會白猿躍出如泣訴狀羅謂眾曰此翁修養有 △

年心靈性慧常與我遊戲為犯佛律連峰徙來然限滿終

1972

歸羅下山復飛上松稍目送慧理角以果品遺刻洞口恐

峰還復飛去令揭諦於峭壁四圍鎮世尊羅漢像鎮壁之峰曰飛來亦名

一夜而成真是柙工鬼斧因攷寺曰靈隱蓮花洞曰呼猿

洪入寺見慧理問仙公行跡曰前有白額虎伏檻下聽

講命數徒尾從見入焉中因自策杖躡跡一翁危坐石室

虎蹲膝下問是葛公結世外交時來寺晤言洪兇一僧引

至塢口翁笑而出曰孫來何暮洪拜見相攜入室公曰為

待汝來延我宗藏遂出諸秘及清靜經流珠歌授之洪拜

受曰遇妻道友云公避蛟患來此公曰陽不知耳辇蛟為

禍江右黨類甚多與吳許有約分投除勦同心助道協力撟邪

會中諸人，前後照應，針鋒相對，讀者須循前集對閱始
知至於曇華之人中，確有因緣，非借為照緣也。諸
上真體用自然，固不足言，其下無不以還丹度世者
獨至抱朴欲聚花種子也，而特以此發明其
許適至而千頃花香濤許，旣得非許由再世，亦是成仙之
道者又安可不致敬夫此斗乎，而猶以禮十為事尼，學

義之為字法之宗，書仙也，換鴟遂傳千古，
繁賜注萬餘枯骨，速證仙階宜也。然原其所自，蔡真人
當加仙秩。

五胡亂華，自古眾有之，力鈞圖澄欲以佛法枝之，抑求
也。釋迦必諸天尊理之，得其本矣，蓋治世之權固不在
平彼耳。

帝王治世以法釋令刑政之屬，上天沽世以劫水火兵
疫飢災是也。如實預者，惟咎必姑息不治，則必殺奪自
由，何以為世界乎。

佛覽經樂竟，何義善知識宣言曰，汝無八苦十惡
道也。

阿真如藏除煩惱性，遠離諸惡，堪總供養，不受三界轉生，

〇〇賞臺華細述根源　〇〇〇勤妖蛟廣施法力

我鎮錢唐恐其南行入海吳君守豫章以全境上許君本
諸徒游擊妖孽可絕矣洪曰孫桑弱不堪相助意暫離膝
下濟世之有緣者公命暫留日遊諸峰喜新城溪水憨碧
欲作救苦丹物偶至風篁嶺乃立鼎取水合煉收貯壺中
遇病者滴舌立起慧理知洪孤高行踪繇定乞題寺額洪
書曰絕勝覺場遊餘杭山遇一道士是同鄉許邁叙談知
洪有道邀遊棲眞歸雲諸洞邁曰郭景純韞僕可得霞舉
雖未敢過望然求道之志不能已但不忍違親遠去前歲
二親繼亡聞大滌清幽近延陵之茅山是洞庭西門潛通

接脈自然

1975

五嶽於是以家事付妻子改字遠遊來樓此山時節必歸
祭祀道長幸念故鄉情分得傳微理深感仁慈矣洪不蹲、
遂授內外丹皆歸告仙公曰高士許由來隱西之千頃
山上有龍潭廣數百畝產金銀魚蟅雨多應又植娑羅樹
一株於山側初夏花開香間十里五十年來花香不遠祈
求無應近因許邁來此忽復香遠禱應是以知由轉世兒
旌陽為當代仙長其宗族何憂不證真道授以旨要誠為
不安洪欲與邁南遊諸名山仙公曰如此當於句容待子
洪邁去遊四明山至麗水南明峯盤谷中有石梁跨壑人
行石下不見日月名合掌巖上有高陽洞洪隸書靈崇二

宇剗於壁既至章安登臨探賞殆遍洪曰尤學仙者當開

生門閉死戶北辰為天樞眾星所拱向子既作丹延生宜

先廈識襄斗是夜萬籟無聲星輝月朗同步天台直上金

廈洞天澳處向空禮拜清曉方止如此七日後名括蒼洞

復東渡赤棚橋至寧海觀東海尾閭其水湍急陷為大渦

者十餘處浮物近之則獝洪曰軟勝澄溪中物得以為煉

夏為靈動乃作長竿吸筒取水三斗出諸藥物謂邁曰雖

闡丹經猶未識火候且先試外丹為予目之立丹竈於高

處配合陰陽調和水火煉至七七日始成蕁海有洪令邁

回大滌中真抱一巳獨散遊南越至樂安隱真宮遇玉君

蔡經初

乘此洪閒方平常往來羅浮括蒼往問土人言東羅浮在

修道關中溫麻之南相傳悖梅而至故亦名之左近一高山洞

內有石屏石几石碁局皆渾然天成上有篆文無數洪留

居歇曰此有山如龍首西崦有泉甘洌傾丹浴之汲飲宿

病即起因復欲遊故處南至溽江梁山有峰十二中曰蓮

名聖水

華登望囬羅浮俯列於前當晚即至尋黃野人不得山下

章氏出答曰萬仙留丹於山洞柱石間野人得服為地行

仙與吾家主章昉交好出餘丹食之相約往北追尋萬仙

矣洪愈莊莊大地恐其走錯路頭急轉至穌聳臨汝時大

旱聞有耗身道士析雨登梅峰仰臥曰吹鐵笛呼風立至

鐵上
曰上

洪招松間黃鶴乘之飛往俯視身雖有毛劫非野人遂撥

鶴飛回毛仙跨鐵笛騰空叫曰誰從法雨中顧望洪同鶴

借毛公作披引出野人

與語知是漢時得道毛公聞是葛玄之孫欲留下峰頭

細談辭以為尋黃野人公去野人前與一人至此華蓋山

帶出生餌

紫雲洞尋問見王郭二真人因在新安東陽謁見令祖仙

公知道長消息已往東南矣洪不服問王郭蹤跡別毛公

飛至鍾臺山下鶴進謁鮑公公曰野人欲來會子今在武

昌山中洪往呼之聞聲而至拜告所以謂過蘋花溪聞是

洪崖先生煉處見一老姥在彼來蘋問之曰鮑姑也忽不

見復遇鮑公於山洞言師必來相會章昉為慕建城靈秀

往閬皀之西山辟穀自修稱羅浮道人章山後名近有費長房
尋我問道直告以無學候我師至庶有得也今在汝南山
靜守建昌有華靈者生性至柔被辱無慍見人即先拜輒
安牀章助自稱名邑里即挽爲癡父兄常使守豬靈見而
不驟待牛去乃整理其殘亂者父怒責之靈晃曰夫萬物
生天地之間各得其慧牛方食禾奈何驅之父愈怒曰即
如汝言復用理壞者何爲靈曰此豬又得終其性矣是人
如洪唶欵歎田聖懷心㫋性理渾全可以與之友矣逯
何如洪唶欵歎田聖懷心
往尋見教其出家了道靈謝曰循理則道可了潔心則家
可居何自菩爲洪愧服回謂野入曰九域所志名山三百

子洞叟

六十有天柱八衡山之天柱峰第六柱也上有石室孫吳

時李老者隱此稱洞叟我知其樸實將所著諸書寄藏石

室儲具立徵子往衡山索觀精義自得也野人欣然拜別

洪跨鵠欲尋長房至下雋山少憩恰遇長房同一人來遊

相問始知洪言將遊燕趙長房願隨曰門人隴西牛文侯

性識穎授深於黃老故喜而敎之顧曰姑守此修身施惠

後當應命上昇文侯領命踰久住世後至一百餘陳洪言及

牽靈長房曰吾師壺公曾言此人乃恐辱仙入再世至汝

南長房下視磯上數人內有相識者空中呼之眾驚異以

為駕鶴昇仙遂於磯上建黃鶴樓紀其勝黃鶴萬賣至

淮上緩黃石山聞奏樂尋聲相訪蓋赤松大庭自天竺回

請焦先琴而左慈近處諸仙侶玩賞優鉢羅花飲樂二人

至間是孝先嫡孫壺公高弟相邀入席洪問此花何自得

來意曰松庭二翁從赴祇園會得此故邀共賞赤松曰祇

園只此一樹三千歲一花開時原非一處但尊崇佛道之

國皆有此樹吾觀西域菩提達磨得微妙法已成正果將

間化東南我故先移至此亦因緣適合耳琴高曰然則樂

部何來松曰此散花天女護送東來花謝仍歸焦先曰清

談不飲恐負名花大庭曰幸是仙家醒酗若人世麵藥觸

之即萎矣各暢飲而散葛費更欲此去忽兩條殺氣冲空

晉以蒲洪督河北、泰雍流民推洪為主、姚戈仲道子襄擊

洪、故有此氣葛費延跨鶴兆至涿郡信都唐縣一山結茅、

居之、修合藥餌施濟活者萬數時蒲洪擊敗姚襄稱三春、

王因識文有卅付應王又以孫堅背有卅付字遂改姓苻

洪初穫趙將麻狄以為軍師狄逼酒醊洪歸而死子健圍

狄狄家火焰突起焚盡後有見狄在燕之葛山、辛亥春

健稱天王國號秦明年建上清宮中作老道士矣、洪敗元皇始

閔攻破襄國石氏降晉帝怒其祖父凶毒盡斬之燕王儁

聞魏戍趙來爭中原葛費曰燕魏兵戈相尋此非寧字盡

遊於蜀拁二鶴跨之飛去時人於其處建上清宮天風臺

五

引蟊

仙桂傳烽　卷十二

葛洪山在
保定界、

二仙至金城山少憩山北茅屋數椽一人獨處
即問之曰龔壯也、前過隻目卜者言陸師隱金城始知爲
楚狂求其指示曰居此自有高人求教依言靜候二位真
吾師也、洪爲其誠樸聲語道要未幾欲東歸壯願隨行洪
曰子肉體蹩蹪且居此廬用煉已工夫自能復會誠曰求
仙者當以忠孝爲本、不修德而務方術終不得長生也故
大惡則司命奪紀小過奪算不可不知、壯領教送至宕渠
猶不忍回洪曰非欲捨子祖仙公言江南有蛟崇期會於
丹陽也、逐餞渝水而去壯囬苦志自修野人至衡山天柱
洞叟即出書與讀讀畢復藏野、今日來就讀夜宿於前峰

偶思王郭二真居近往尋不值而還王郭乃浮丘弟子嘗

翁獨居中華山峰王褒郭娤投之翁摯歷遊東南至處陳

言勝蹟王郭既得道還臨川登一山呼曰此絕似婺女王

華但無白石為羊耳樓止未幾浮丘來新建華蓋山招三

郭居紫玄洞建立道場演說玄理開覺愚迷時稱華蓋三

仙、居二十年而冲舉受恩者歠金錢搆祠山項三仙陰嘗（渡到許吳、）

往來大著靈迹士庶有災異疾疫趨禱立應近有蛟孽為

害三仙亦願助力吳許二君抱養已久道法彌高開江右

每苦洪水許君矢志剪除別吳君引弟子施岑甘戰（一作

剏生胡應等出山觀察形勢江水東注於海處妖事急必

六

㈢鄧生

㈣胡應

㈤張大言

從斯遁乃密佈鐵網於揚子江令鄧胡守北岸陸地暗設

陷阱四圍符水鎮住料其不能北奔淮泗必南由震澤至

錢塘得一道力宏深者伏於彼路則成擒矣真君令施甘

駐江干自往東南訪友浼鎮要地至新安信安路過小廟

廟神迎曰華蓋三仙令告仙君云在鄂渚相等助力擒蛟

真君喜曰高真也尤當此任復招施甘同往初葛仙公弟

子白仲都鄭思遠與傅先生遊雍涼回鄭再遊羅浮傳還

舊處仲都獨傍建康結壇南山後仲都白日飛仙公念其心切食以靈丹

教與新籙張大言同居蜀山去名其山白都仙公是法律

上仙專任斬妖縛魅知蛟精災害正有意殄滅遙見施甘

1986

謝曰寄語汝師葛孝先結廬武林當比一面汝等盡力勤

蠱母遺後患化清風去未幾眞君至施甘逃其言皆淮瀆

有火龍作祟聞蘭公有諸法物遂來曲阜劫取爲蘭所敗

訴於四海龍君遣兵相助蘭公諭以邪正龍兵退去火龍

逃伏浮玉山下畤吐精沫於江面怪狀怒而爲禍殺蛟

丹陽張鵠性狡毒教授廣陵端陽解館歸遇風覆舟漂至

一處餒甚見有物赤色如拳取食之漸覺水趣浮沉江中

頭長二角身生鱗甲火龍招至窟教諸幻術認爲巳子遂

成蛟蛟或作强良刼奪商舟涌決江河傜江干民婦生四

子皆能變化水族畧有小術者悉歸其部黨類蕃衍江湘

七

不能屯四海各有君長聞豫章循江可至欲攬與五湖相

通為中海別老龍率衆西去分在江湖中自化美少年至

長沙見便君賈玉愛其才妻以二子常以春夏之

交子然而出至秋乘巨艦重載而歸蓋乘覆舟時歸省察

群黨路遇真君謁之稱姓慎禮貌勤恪應對敏給遽告退所獲也

真君謂弟子曰適來者非人即老蛟故來相試迹其所之

在郡城江游化黃牛卧砂磧上真君剪紙化黑牛往前觸

關令峰持劍醫候其闕䣃揮之施君劍中其左股奔至長

沙化人入賈家祐玉云財貨為盜所刼股且傷玉求醫療

治真君即為醫士謁玉玉召壻懼不敢出真君至堂叱曰

蛟精速出就戮蛟計窮現原形飛去真君令抱其二子出

嘆法水於向皆為小蛟蜒蜒堂下命神兵取殺謂玉曰室

下深不踰尺皆洪波也可速從玉遷高原其宅果陷為淵

城邑幸無害出丹與賈文吞之吐黑沫無數得不變形真

君還孫章探其窟中追殺老蛟率四子諸妖力戰不勝真

君追之二小渚路逢三老謂曰妖蛟潛前渚橋下真君知是

三仙作謝之飛上橋頭俯視一白驅伏橋旁此之驚奔勒

吏兵誅之巧第二蛟子老蛟念恨復率三子來戰真君執

雙劍佩二劍復水直前擲劍先斷其第四子老蛟背中一

劍而逃長蛟帶傷甘戰獲斬之三蛟遁入一寺見高僧大

社伯

代

早有侗替

巨蛇

度靜坐化人形伏地乞救僧曰孽多如何救得曰只望和
尚為悲跳上臺化為黍大僧拾藏指甲誦經不輟少頃眞
君至寺妖氣寂然問僧不答又往前追時海昏之上綠有
巨蛇據山為穴吐氣成雲亘四十里人畜在其氣中俱被
吞吸眞君步至蛇所伏劍布燕蛇懼入穴眞君飛符召海
昏社伯驅之蛇始出穴舉首高十餘丈目若火炬噴毒衝
天眞君蕭命風雷呼指神兵攝伏乃飛步劈其首迤甘揮
其腹腹裂有小蛇出長數丈甘欲斬之眞君留讖曰彼未
為害不可妄誅今而後整一千二百九十年復為民害五
陵之內自有八百地仙出而誅之以吾壇前栢板掃地為

巳歸正矣

1990

驄蛇子遂得入江眞君恐蛟俟隙攻潰郡城與甘施歸捕

三蛟跳出叩謝願飯依三寶犬瘈集銀設齋摩頂受記曰 坎過自新

汝因緣在南三蛟南行怡遇眞君諸弟子擒住欲斬眞君

止曰雖爲惡種已改邪歸正可恕之爲說謁曰逢仰而棲

遇葉而止三蛟叩首前至安成郡今袤宜陽一山薦偎壁

立問土人何名曰前葉村此是仰山悟曰眞君教我也坐測

膝坐崖下摘松栢爲食惟若遠汲於坐測拙一井十年證 勤修三

道爲仰老蛟至襄陽變秀士謁富翁史長者稱山東人欲

覓館積瞽作歸討問何姓答云魯長者出對試之魯佩四 對妙

知魯邦賢士即應聲曰史宥一德吏部天官長者延教二

子才華日進年餘有三羽士造館徒云後園浴水羽士曰

春初何能出浴徒曰師雖兩雪猶然眞君慮蛟西遁設鐵

環於南陽石柱山鎭之見妖氛籠罩襄陽蹤跡至此門黏

一聯云趙氏孤兒切齒不忘屠岸賈伍家烈士鞭屍猶恨

楚平王眞君顏二徒曰惡畜蓄性未改遂至池邊執劍砍

去老蛟聳逃眞君飛逐饒爾入重淵看予施妙法

行道之人不識路逕者名賓焉得如萬仙者來喚之歸

正若幸靈天性而善是爲上知矮是赤松幻術此係達磨將入東土故

優曇移來中國矮彼此暗喻耳

假手赤松折甚多接出斬蛟延轉成章一絲不紊是大便宜事

此節曲折甚多接出斬蛟延轉成章一絲不紊是大便宜事

小蛟一念轉頭遂成正果可見改行從善是大便宜事

○隱東山仙逢許遜　○占國運卜召鼇謙

令甘戰開會吳君截住江流、勿使老龍相合、老蛟變爲花

蝶、眞君以統扇撲擊又化小青魚游澗中眞君以又亂

剌變野鶴翀霄眞君掣彈飛打楚翅而下化大蟒來蟠伸

舌舐面眞君任其纏繞暗解絲絛扣其項此神吏從空界

憩使五仙童女戲劍於其旁令牽至豫章畫沙地作樹形

鎔鐵灌地流凝爲樹又揷劍於地立成大井繫蛟於鐵樹

根驅入井竪鐵樹鎖蓁井口蛟哀求曰眞君憫戒使不見

天日者幾時眞君曰此樹葉萌花開始放汝出、後人於井

宮鎭壓一蛟之餘黨皆化爲人詭言曰僕家長安積世崇

云鐵樹宮

善遠聞賢師有神劍願聞其功弟子諗曰師劍指天天裂
指地地坼萬那不敢當神聖之寶也蛟黨曰亦有不能傷
者乎戲之曰惟冬瓜胡盧耳以為誠然盡化盧瓜浮泛滿
江真君以劍授施岑等令復水逐漸皆沉溺不斷當境土
地化別哥叫曰下擊上下踢上諸弟子會意劍鋒從水下
起皆截兩段血流滿江岑善別哥志靈以手撮其頂勤至
石球而止妖無噍類除族陽廟有真君復令甘施至
浮玉老龍勢孤欲奔八海江口盡下鐵綱鄧胡仗劍立岸
怒目審視北潛淮泗恇入陷穽被符水禁住甘施趕至老
龍儘咸攬蛻化狂風南走真君至聞之曰入絕地矣且靖

竈中妖種呼神將協同吏兵盡戮其部族老龍蟣甲蜕去

化癩僧奔虎林投齋靈隱寺仙公至寺問談慧理送出忽

見癩僧暗喜曰孳畜歛盡別歸取劍重趨客寮大喝邪魔

休走老龍忽逃仙公追臬其首寺僧集問仙公曰孳龍也

吹正炁即變無甲龍形身出焚化仙公飛步至丹陽遇許

君師徒彼此稱賀欲遊會吳君仙公曰前與小孫期會於

比俟遷趙蜀同至故鄉槐荒隴也許君曰二萬費別龔

壯塤刻飄至丹陽仙公囚子遊樂乎二仙細述前事公曰〔是長蛩語也〕

外事雖已見聞已身還宜整理二仙唯唯公攜孫至祖勞

拜莫洪乘黃鶴往武昌接鮑公與夫人擇居丹徒西南一

卷十三　第三節

二

山名之曰黃鶴自於東首一静處鑿井煉丹必俟還舉長

房就於曲阿西習書雷篆靈符常滌硯於地澗石悉爲墨

色、石墨池。民有疾災輒領符篆救治、晉帝召入內遂問國

事、長房曰大寶將歸於正、衆莫之解。即日辭還、燕王雋乘

石冉之亂、遣弟恪墊之、冉閔迎戰、枚執雋焉才敢妄

稱天子、開脖日曰、我一時英雄、何不可作帝王、雋怒使武

士將金鞭鞭三百、猶未死、令押去龍城、過進山斬訖其山
強鬼

六七里草木悉枯死、夏秋大旱、雋驚恐立祠於其山悕太

武悼大王祀之　祝之諡武悼大王、是日下大雪、魏太子智降晉乞師謝

冉智　尚令還傳國璽、智與之、尚護送至建康、燕詐稱閔妻獻璽

雋稱帝連元悋為大司馬姚弋仲病危謂諸子曰我死汝

幽首歸晉弋仲有四十二子五子襄為主率眾歸晉殷浩

忌其能至是詔浩伐燕襄邀擊敗之浩憤卒自後大權歸

桓溫泰軍孟嘉勸妝三秦甲寅溫伐秦秦拒戰大敗溫進

屯灞水三輔皆降北海王猛字景畧孝子雋偉倜儻常至

洛陽鬻畚有人貴買其畚而無值且言家在灞猛隨至深

山一老父坐胡床在右十數人猛進見三拜之老父曰王

公何綠拜也既貧用盡往華陰見王佐先生乎十倍償其

畚值遣八送出猛問老父何人曰襲掌中嶽事葛君也送

者忽不身猛顧其地乃嵩高山始悟為嶽神稱已王公後

口符雄

必有遇遂入華陰山尋王佐於石室師之學兵畧戰策秦
師命出山聞溫入關被褐謁之捫蝨而談世務旁若無人
溫欲署為軍諮祭酒猛請還問師別溫回山先生謂曰卿
與溫豈並世哉在此自可富貴六月溫軍乏食秦遣弟東

△秦主生

海王雄同太子萇追擊萇中矢死健立第三子生為太子
十月雄卒子堅襲爵乙卯夏秦主殂生立 生好飲剛

口張祚和平乙

愼健以讖文有二羊五眼之說而生幼損一目故立生王
張祚稱和丁巳春晉帝立何準女為后準初寓海盐一夕

△何后和平乙

羣烏啼噪生此女冊立日烏復夜啼烏夜村烏改元昇平改
元光壽秦姚襄將圖關中秦遣東海王堅討襄擒斬之襄

△回升平

元壽
十姚襄
十魚遵
永典
白蔡苻堅
十呂婆樓
甘始
○僧涉
十鄧羌
十張蚝

弟襄儉秦生夜夢大魚食蒲又聞長安謠曰

東海大魚化為龍男皆為王女為公問在何所洛門東

生疑應太史魚遵殺之堅結英豪呂婆樓薦王猛三使

坐呂婆樓聘至遂弒生堅稱天王建元子宏為太子猛為丞相戊午

旱有司奏有僧名涉立能致雨堅請禱涉登壇念咒俄而

一龍飛下鉢中雨輒如注堅就鉢觀之游泳如魚涉復咒

龍忽飛去涉曰僧人道友甘始更有神術可試之堅召至

遂坐始令取雙鯉一摻藥少許同投沸膏中其有藥者奮

尾鼓腮游行浮沒無藥者已熟而可噉堅火稱奇皆尊持

之始字刮善行炁而不飲食服天冬而行房術得容成玄

素之法未幾與涉辭去堅得鄧羌張蚝皆萬人敵燕晉

之隙藥主僞夢石虎齧其臂庚申春僞疾殂太子暐嗣元

熙格爲太宰晉以謝安爲司馬于太康人

晏歎爲非凡兒寓會稽與羲之戴逵許詢桑門支遁遊處

常往臨安東山坐石室臨谷悠然歎司與伯夷何遠許邁

採藥西山與論神仙事遂相契焉支遁字道林本姓關陳

神理秀徹年二十五出家與師共論物類遁謂雞卵生用

未足爲殺師不能屈尋亡見形投於卵殼破雛行頃之俱

滅遁感悟乃蔬食終身後隱餘姚山每講肆善摽宗會而

章句或有所遺時爲守文者所陋復住吳之支硎人遺其

2000

白馬蒼鷹愛而畜之有自居剡之沃洲山有人遺雙鶴遁

任其翮成放去鶴翔遁時爲法師講維摩經衆無以詰難

戴許王謝十八人與之遊安凡奕爲征西司馬卒道謂安

曰令當出矣溫慕安名請之辛酉夏帝崩七年在位十無嗣立

哀帝成帝愍帝子年二十一雅好黃老辟穀煉丹以冀長生十

一月秦有鳳凰集於東關堅召王猛苻融容議親爲赦文

一大蒼蠅穿牖集筆端驅之去俄而長安市中有青衣小

兒大呼今日官家有赦境內哄傳有司奏請堅即頒赦壬

戌春晉建元隆和桓溫既有異志聞蜀人王見得秘授天

文召至問曰卿識國運若何見曰世祚方永未必便終暗

符

一　王見
一　習郁
一　習鑿齒
〔四〕釋道安

孝帝巳未溫不悅與絹一疋曰卿可自裁見疑令自盡聞
歲亡國襄陽公仁厚濟人乃往求救鑿齒曰知星宿有不
覆之義乎此戲君耳見明日入籬溫笑曰昨憂君悮死今
是悮活徒看儒書不如一詣主簿聽其去釋氏道安姓本
魏常山扶柳人早失覆蔭為外兄孔氏所養七歲讀書再覽能誦
十二出家神性聰敏而形貌甚陋不為師所重後之市啟
師求經與辨意經一卷可五千言安齎經就覽暮歸以經
還更求餘者師曰昨經未讀今復求耶答曰即以開誦師
雖異而未信復與成具光明經一卷不藏萬言纂復還師
師執覆之不差一字始大驚嗟安以釋為姓復遊學至鄴

●林伯升

過佛圖澄事為師及石氏將亂安與弟子惠遠等四百餘
人渡河南遊夜值雷雨乘電光前行得一人家見門內有
繫馬樁椿之間懸一馬兜可容一斛安使徒呼林伯升伯
升謂是神人厚相賞接弟子問何以知安曰兩木為林塊
容百升也旣達襄陽詣溫慕府見一人迥然問其姓氏曰
四海習鑿齒公何不識問安法號對曰彌天釋道安君豈
無聞相對大笑引見溫待之上賓溫聞齷謂先生竺隱文養
山年高有道造訪之見其披鹿裘坐石室中即以當世事
答以不知神色蕭然無忤溫命伏滔作讚而返癸亥改元
興寧王述表加溫為大司馬溫用述子坦之為長史卻惜

○釁硯先生

伏滔 晉興寧 一毛逃

上 第五節

六

一王坦之
一郗超
一王珣
一謝玄
一張天錫
一廢帝死
一許穆

紫微王夫人
裴玄仁

子超爲泰軍王導子珣爲主簿謝奕子玄爲掾甲子二年

凉張天錫一年、王述爲尚書令請召謝安爲侍中帝服丹藥過多

錫一年、乙丑春毒發而崩、在位無嗣、立同世弟奕前帝遣使

雲覆護句曲山帝遣使察問有許穆者字志思

曾爲褚彖護軍長史性好道常著葛幓單衣白拾舉宅隱

茅山修眞紫微王夫人常降教之夫人名清媺字愈一作愈意爲王

母第二十女鎮羽野左驤主教度世尼當成眞者悉授以

道昔譙城裴玄仁家奉佛道精思讀經遇佛圍道人謂曰

予當爲仙宗乃授以内衛故得王夫人降與寶神經玄仁

風夜勤行乘龍上昇證位清霛眞人夫人見許穆塵心未

玉醴金漿交梨火棗飛騰藥也君心猶荊棘相雜是以

二樹不見虎林大滌山許邁子之族也道已成將度之

蓬萊侯子心淨復來傳以道要

時邁得稚川丹經再至大滌修煉為書謝其妻云

欲開懸霤之響山鳥之音以為簫韶九成不能勝也偶

寫景菁慈之下棲息巖岫之間以為殿堂廣廈不能過

也吾其去矣長為別矣

邁受解術反行之道服玉液朝腦精三年中童顏雲王應王

夫人適至校玄洗紫芝曰與丹齊服即飛昇矣邁拜受服

之、能來往蓬萊穆開之、改名愼字思玄、與子玉斧相勉力

學後夫人鑒其誠仍來度之作贊美之曰

蕭邈真身內鏡外和曾參出田丹心同舟索三遷來

庇方頭思立二字　△下四句離合

乙丑六月望夜夫人與九華安妃同二十三真人十五女

真降句曲楊羲家安妃古得道女仙專心度世聞羲求真

初至其家羲拜問夫人曰太虛上真金臺李元君之少女、

昔詣龜山學上清真道太上命紫清上宮九華真妃賜姓

安名彎媚字靈蕭坐良久擲棗三枚如乾脯形長無核食

羲味絕甘　美妃作文相贈夫人亦作文相曉諸真皆贈詩

而去獨真妃外留命侍女錦橋檢囊中·出三元入命之書

付義令寫云君若不耐風火之烟欲抱真形於幽谷且可

尋劍解之道作告絕之術如遂去七月王夫人同一神女

來曰此吾妹也珥母第十三女名媚·受籙為雲林右英大（珥字申林二作中林）

人下治滄浪來授子服术之法義拜領其教少頃俱去有

使者先來傳命曰李夫人將至義灑掃恭候俄而駕至年

可十三四曳紫錦文襡虎紳流金鈴帶青色玉綬有兩侍

女年並二十許著青綾衣從者散立戶外義伏道迎請夫

人坐中堂曰我乃兆元中玄道君慶寶之女太保玉郎靈

飛之妹已受書為東宮靈照夫人治方丈臺第十二朱館

隱暉捧赤玉箱二枚青帶絡玉檢文其題檢一曰太上章
一曰太上文悉以賜之義抱受跪謝夫人後數數來降授
書作詩晉使踪跡訪至義入朝煉上內觀隱書還神歸章
書共二卷曰修此可成金丹延生長命帝以先帝姬而蚤
喪却之義遂辭還自修兩寅元旦帝御正殿有赤蛇盤於
御床帝聞邑謙善小召使筮之卦成謙曰晉室有磐石之
安陛下有出宮之象帝曰可消伏否曰後年應有大將軍
北征失利以三萬人逆之於壽春北此災可弭謙乃魏郡
一人郭璞弟子性縱誕不耻惡衣食好飲酒常吟曰

小女安妃言君好道故降教焉義再拜求道夫人命侍女

△東山

寓意謝、

△安陸

風從牖中入酒在杯中搖手捏四十九靈光在上照魏

羲藜菁下獨向真裡笑、

進不登龍門退不求名位無以消天日常作魏魏酬

精於易占常在建康後巷許新婦店前賣卜一卦百錢每

日限錢五百止次卦千錢不爲也每佳尚方門外路西有

養女三四人自能料理謙曰送錢三百供母餘錢二百作

酒貨以與貧寒率爲常規初吳與守沈彬仁愛多惠政民

稱沈吳與會稽王昱欲引爲已用彬遂告老少好方外術

從郭樸學地理璞每謂曰菩地非無惟德者能當之於是

立意功行及歸高安恒以朝修服餌爲事一日遊郁木洞

觀聞空中樂聲雲際見女仙數十冉冉迤入觀中偏至像
前焚香良久乃去彬匯室中不敢出既去入殿視之几案
有遺香悉取置爐中已而自悔曰平生好道今見神仙而
不能禮謁得仙香而不能食是吾無分歟常詩于孫曰所
居堂下正是吉地死即葬之固植一樹為記地真入務在
人書

老蛟為書生所化宜其有才乃至井底沉淪出頭無日
蕊哉向使有才而不為蘗亦何至此閨過懷然也
天生猛授堅蒿神引成王佐之學桓子失之可云盲者
秦景曇晉安石始堪爲蔽猛巳而安必亦諭仙
也觀其東山逸與交遊支許輩可見胸無勢利
漢末術座蟠青蛇晉末赤蛇蟠之皆氣數將終之此謙
催以出宮言之知數定無孟妖言之也

○○相去刼衆聖會萬、○○正氣凝羣陰共剝

及年八十餘卒、如其言掘地得自然塼、製作甚精博、塼上

皆作吳朝字、最下穴中有耿耿一燈、傍有銅牌、上篆十字

云、

漆燈猶未滅留待沈彬來△ △

遂安葬於中、後豫章漁人投生米於潭中捕魚、不覺入一

石門、煥然明朗、行數百步、見一白鬚翁諦視之、狀類於彬

謂漁曰此非爾所宜來、速去猶可、漁遽出登岸、云已入水

三日、來告沈家彬子秀往問邕謙、謙曰西蜀岷山下有東

南北三門、沈丞司守朝陽、此即天寶洞之南門也、秀欲往

晉

太和

秦〔山〕

建元〔山〕

杜昺

建元

陳文子

從之慮曰、蜀有喪葬兵發俱集中洞會議、秀告退是年醫

敗元太和建元戌辰桓溫以慕容恪卒欲伐燕錢塘杜昺

者言人事皆驗溫召閒此行健否昺云公明年三月專延

當挫鋒昺恭寧叔早孤事後母至孝聞於鄉郡禮命三徵不

就歎曰方當人鬼滑亂非正一之氣無以鎮之往師餘杭

教民咸賴之一夕有神入降云我張鎮南也汝瘱傳我道

法悉以諸秘要授之邑每人靜焚香能見百姓三五世禍

福章賣符水應手即驗遠近道俗歸化溫不信於巳巳春

伐燕燕主脯欲弃和龍吳王垂子虓請救於秦猛擊溫敗之

太傅評忌垂垂奔秦堅命猛等伐燕燕長史申胤曰鄭必

申胤

亡然福德在燕而其復建不過一紀耳胖出降 前燕歷四世共八十

趙秋

五
年
燕太史黃泓歎曰中興其在吳王乎汲郡趙秋曰天道△

在燕不及十五年必復為燕有辛未冬桓溫令叅軍王珣

桓伊

桓伊攻入壽春伊善音律得蔡邕柯亭笛既受簒陽子之

辛獻玉

傳為江左絕調江夏黃鶴樓有賣酒辛獻玉識人好施有

道士就飲醉輒出玉笛倚樓作梅花三弄飲不償值者三

年一日黃鶴去不復返空留此名吾將表之以實其事

取橘皮畫一鶴於壁以節招之即下舞後臨行謂辛曰桓

子野字伊嘗授其笛譜可向之索飲值遠跨鶴飛於空晬夏

二

〇慧特
〇慧永

五月猶聞笛聲嘹亮伊徃作賛於橫嗣是貴客皆就飲宴

革兗載富伊守豫章時雁門僧慧速過彭澤盧山夜宿荒

祠明日謁鄒守曰昨夢匡先生願捨祠為寺伊從之遷祠

於山口師本姓賈弱而好書姁老年二十一於太恒

聽道安講般若經豁悟與弟投簪落髪初名惠遠第名惠

特遠公慨以大法為已任晝夜行持一時宿儒老柚咸推

服焉後欲徃羅浮路見盧峰清凈足以息心同門慧永居

在西林邀同止匡盧去水甚遠師以錫扣地曰此中果得

樓運富使橋地泉湧言畢清流突出成溪遂搆精舍以居

其後潯陽亢旱師詣池側讀龍王經有巨蛇騰上須臾大

雨因號龍泉寺師有道兗慧恭成都來訪同宿數夜恭竟

無所遵遠問恭何事曰唯誦得觀世音一卷遠怪之恭曰

經卷雖小凡尊敬者。得無黃福願息曠心。當為法師誦一

遍乃結壇昇座恭發聲繞唱經題異香遍滿房宇及入經

丈天樂嘹亮振空雨花霏霏滿地誦訖下座花樂方散遠

頓足頂禮涕淚交流謝曰慧遠臭穢死尸敢行天日之下、

自是少接賓客靜悟禪機桓伊以其學徒日眾更為建東

林寺溫恃才器位望倩伊往問國運遠曰山僧何能知也。

溫聞術士杜見能知人貴賤召問終身覺曰明公勳格宇

宙位極人臣溫不懌郤超說行廢立溫宣褚太后旨廢帝

爲海西公立昱爲帝是爲改元咸安時温姿產息至艱開

危謙曾卜海西出宮巳驗召問之謙筮白公第西北六間

馬廄壞竟便產喜是男兒聲氣雄烈當震動四海温從其

言果生子左賜謙錢三十萬謙云謙用筮錢常慮不盡且

無容錢處請還庫温不聽許氏以空檻借貯夫人復送三

十萬錢謙得錢後日笠三卦以饕母以温錢飲酒求能醋

客羣聚極歡許氏常以賢禮待謙不計值多少後忽他去

許覓經年於譙溝遇謙謂曰家中欲得檻用可同往取寄

錢謙笑曰三年飲酒數千斗繞足相補正紥一百半許耳

不足復顏吾以瓜刻壁記之寫算便知許詩歸試算果不爽

後詹母夜亡謙即旦還云因緣盡矣令得專心聽教於袞
一公也遂去數日許氏家人於落星路邊見謙臥地始謂
其醉引手牽之惟空衣而無屍焉

張忠字袠性耽淡靜
魯遇河上老人教抱一守眞之道告曰修於其身其德乃
眞君子立身道德爲任清淨爲師太和爲友惟玄默與
道窮極袞一是以通知至道虛無爲宗依幽谷鑒爲窟四
方高士請爲徒來居窟室旁去六十餘步五日一朝其教
以形不以言各受業觀形而退立道壇於室上每旦自昇
拜之食用瓦器巖石爲釜弟子供應不圓桓溫造窟訪見
坐而瞪目怒視溫覺神志自爽忘其尊貴竦然退至幕府

悔恨其不禮遺將吏捕殺皆不知去向。還報溫歎曰道之

為物惟怳惟惚溫又遊黃山追訪浮丘遺躅悵戎事老此、

生註申溫奏武陵王晞有異志可誅帝弗許晞受廢長

戴達妙琴聘之逸宅人、字安道寓會稽剡溪性高潔琴受廳雅慕

生指法為冠當時睎使至達破琴曰不能為王門伶人復

深隱丹池山遠屏塵俗黃門郎羊欣其祖權劓字道昇平三

年十一月望夜降一女仙年二十許上下青衣顏色絕整。

自云南山萼綠華也本姓楊名羅郁在九疑山得道受職

歸玄洲臺主謂我宿世曾為其母毒殺乳婦以為先罪未

滅故暫謫臭濁償其愆尤因在羊家一月臨去贈詩一篇

末句云所期豈朝華歲暮於吾子并致火澣布手巾一金

玉條脫各一枚條脫似指環而大、異常精好謂權曰愼毋泄我下

降事泄之則彼此獲罪言訖而去祖孫知有仙緣皆潛修

黙味綠華重降先授權尸解藥遂得隱景化形至是復來

教欣占候天文并傳行道方署曰修道之士視錦繡如散

昂視爵位如過客視金石如爍石無思無慮無事無爲世

人行嗜欲我行介獨世人學俗務我與恬淡世人勤聲利

我勤內行世人得老死我得長生故我行之已九百歲矣

欣拜領教語自此常來一月之中輒六過欣占驗每劾攉

爲大史以司天象熒惑守太微端門踰月而海西廢是秋

五

孝武曜帝

孝太后

寧康

相玄六劾
十

馬氏

●劉驎之

七月，又逆行入太微，欣奏主上有難，帝惡之，欣退隱相東

山。後亦仙去。帝未數日得疾崩，在位二年，太子曜立，是爲孝武后、李

娠曜時夢神人謂曰生男當以昌明爲字及產遂以字之

簡文後悟讖文有晉祚盡昌明乃歎息流涕癸酉改元寧

康正當天地之棟玄十六劾是年歲星臨吳所在主有福使弟

德二月桓溫來朝欲誅王謝稷晉室忽得病還臨危使

沖代領託善覬幼子玄妥馬氏與同輩夜坐月下見流

星墜銅盆如二寸火珠競以瓢撈取馬得而吞之遂妊玄
小字冲

盡忠清儉躬諸劉驎之驥子
家請爲長史劉被短

褐條桑固辭養父甲戍春詔謝安總中書顯拔幽滯吳郡
靈賓

梁山伯國山祝英臺同學三年不知祝乃女子能爲兄弟

寢食與俱梁爲鄞縣令一日謂書吏曰帝君謂我誠篤召

入太室造册定華夷刧運遂卒葬四明山下祝往哭弔墓

忽開裂祝墜下復合僅露玄襟從者禠之皆毀旋化蝶類

飛去世有梁祝二謝安奏封義塚五嶽君相因值相互刧

會議嵩山清造刀兵疫病飢饉等册中華帝君曰天地氣

運有正有偏摠由生尅制化之理晉武以火剋蜀漢之金

而承其統其後自相殘殺火星散而衰矣匈奴劉北來剋

火而居其國蓋此時卦氣遇剥一陽不能制五陰偏運倏

行正氣避位晉人退處東南五胡交侵中國石羯以土剋

帝君傳鑒　卷十二　第四節

六

劉氏之水鮮甲以木尅石氏之上符氏以金尅鮮甲之木

姚萇將假火以滅氏也五運正偏各半分行南北然後一

陽自下而起卦爻為復所謂一元復始萬象維新真主統

一宇内重歸正運也余於祇園會上親承太上之諭謂東

南半壁延續夏正者五有其四方議一人出以應之大覽

真人萬君曰中陵蕭君與苻堅有係命先秦五殺大夫降

為王猛令越引入少室指從天台子順於華陰藝成輔堅

霸業蕭君將喚歸山也眾稱謝教席散離歸各勑官吏清

查州郡趙造冊籍申奏天庭時秦太史令張孟奏彗星起

箕尾而掃東井此燕禍秦之兆光明殿上忽有人大呼曰

甲子乙酉魚羊食人悲哉無復遺堅命近侍執之不見乙
亥夏猛孃疾堅訪以後事猛曰晉雖僻處江左正朔相承
願勿以為圖鮮甲西羌終為人患宜漸除之卒年五十武
高陸人王木穿井得大龜廣三尺背八卦文進於堅命太
卜養於池至是亦死藏其骨於太廟廟丞高虜夢龜謂曰
我沙公也將歸江南遭時不偶隕命秦庭虜友吳卿曰昨
夢龜言吾三千六百歲而終必妖興此恐亡國徵也虜
曰然勿漏言丙子春堅聞張天錫荒淫伐之涼遂亡此
代什翼捷請為藩為庶長子所酖太孫珪奉母屯牛川是
歲晉改元太元丁丑春武陵澳者黃道真入山溪捕魚見

七

◎孔丘明

◎駱法通

◎十人

桃花隨水流出異之乃縁溪行溪旁多桃樹至一處與世

相隔桑麻掩映雞犬相聞竹戶荊扉民居稠密村中人見

道真驚迓咸來相問道真具答問此何地曰秦時避亂至

此忘記歲月問今是何甲子道真言過漢魏及晉代已久

俱曰不知也相邀至衆歎以酒飯老少男女未齡古槐一

暗髮翁曰此山猶爲外府極裏名桃源山可遊而不能居

中有仙人在焉道真問從來翁曰開中孔丘明與駱法通

等十人相結避秦遠訪大道南來玉筍修煉歲久丹成攜

居於此常招吾等入去酒食道真乞引一遊翁難色曰不

敢取彼厭惡道真辭去翁囑曰不足爲外人道也道真復

⊙仙民
得為仙民
足矣

循舊路得舟歸至家巳越三日乃聞於太守義陵守王儀

亦好事者欲往問津迷道而返途遇一道者丰神超越儀

異其貌揖問之道者曰此處綠蘿山仙真棲息之福地其

外高梧桃源俱為別館旁居者仙民非凡境也儀不勝悵

歎問道者姓氏曰余抱樸子將避今泰之亂欲往視廖平

丹砂井耳別去敬武懌不見道真悔恨築室於山口伺候

偶南行數里有孤山巖石峭拔上有青葱自成畦壠道真

拜而乞之然後拔食味美滑山頂有池多魚鱉每年七夕

輒皆出遊半巖室中有書數千卷是昔有道之士所遺之

經道真常往翻閱他人不見後為仙民引入綠蘿時朝廷

方以秦寇爲憂詔求良將謝安舉兄子玄統領諸鎮彭城

劉牢之爲秦軍符堅聞沙門道安能宣贊佛法率已出師

耶襄陽得之迎至長安住重寺堅每欲平一會出遊東

苻命安外輦間載僕射權翼諫曰天子法駕侍中陪乘道

安歐形寧可參廟堅勃然曰安公道德可尊朕以天下不

易興輦之榮末稱其德即勃僕射扶安登輦俄而顧曰朕

將整六師巡狩與公陟會稽以觀滄海不亦樂乎安曰陛

下廕天御世有八州之富宜棲神無爲與堯舜比隆今欲

以百萬之師求厥田下中之土且東南地卑氣屬禹遊而

止舜狩而殂始皇適而不歸昭王去而不返以貧道觀之

蒙氏

賓頭盧

非所喜也、堅不從。安謂徒衆曰荷秦將亡弗可居也。遂備

氷道去開習鑒齒遠在滇南往訪之住天長寺精修苦行。

皆欲於寺建浮圖即有洪水自蒼山漂木石而至羅筌島蒙

有毒龍頻覆舟安復劊寺於上窖遂息其他神用莫測蒙

氏敬事極厚安自幼嗜佛書註般若道行密述諸經析疑

難解二十餘卷所注諸經恐不合理乃誓曰若所說不違

理者當現瑞相夜夢見道人頭白眉長語安曰君所注經

殊合道理我當相助弘道後慧遠來云和尚所夢賓頭盧

也丙戌正月二十七日有異僧形甚陋來寺寄宿寺房既

窄處之講堂維那值殿夜見此僧從窗出入遠以白安安

九

2027

驚起禮訊咨云特相訪來，安曰自惟罪深詎可度脫、答曰、

甚可度耳、安請問來所生之處、彼以手虛擬天少西北、

即見雲開備覩兜率妙勝之境、天曉異僧飛去、至二月八日、

安忽告眾曰吾當去矣、是夕坐化毫光五彩、茶毗之頂骨

有陷室利伽祠阿六字梵書姁知為文殊化身云、有孟欽

者得左慈劉根之術、秦臣皆欽堅竊忌之、尚於是而誅、華

喝念之誠即感上真降授世之求道者、特患其不誠耳、

謙以小養親、親死方得蛻化可見親恩、至重世有遊予

嘗跡他鄉、久離膝下、吾知其別有肺腸、

行人所不能為綿華之教玄機淺矣、

梁祝結暫時之光弟終得為山中永久之夫妻、

是其篤於友道之效、

東晉氣運碓似剝卦一陽不能制五陰剷徑復來真命

挺生以混六合至理顯然、

示以敗兆

○○遇呂光羅什東來　○○諷姚萇王嘉南去

問以南方氣數欽曰彼長於此堅惡其惑衆命融軹之召
至第方日左右收欽化旋風而去隴西安陽王嘉字子年漢相再
世魯受仇池先生之秘久在洛陽谷口能御六炁守三一
冬夏不飲其服顏巴日少常攜弟子登嚴穴講究帝王尚
五德王天下之理洞知世人休咎堅欲決策南征是冬遣
使問嘉嘉曰金堅火强乃乘使者馬整衣冠徐徐東行數
百步墮其衣裳奔焉而還乃踞床不言使者回述堅意不
解更遣問世祚嘉曰未央還報堅焉言徵是歲明年堅七家國陝在未年也
嘉尋移隱嵩高山癸未秋堅大舉伐晉命融焉大將軍步

一

驃百萬晉謝石謝玄帥眾八萬拒之、玄遣牢之趨擊大破
之諸軍繼進堅登壽陽城望八公山草木皆類人形憮然
有懼色、初會稽王道子間堅以毀以威儀鼓吹求助蔣山

後赤壁　神及是有感秦逼淝水而陣玄夜渡焚營融被殺堅中流

會稽王道子　矢走秦軍潰慕容垂獨全於淮南堅赴之垂子寶曰五木

垂坐視耳　之祥至矣、富貴可期願得三盧因三擲皆盧、親黨多勸
殺堅不聽堅使子丕守長樂垂請安集北鄙丕舘於鄴西

十　慕容德　垂謀復燕祚甲申春乘稱燕王以弟德為范陽王、此地長

十　慕容泓　史慕容泓自稱雍州牧屯華陰慕容冲起兵平陽堅遣鉅

十　慕容冲　鹿公廞都督諸軍姚萇為司馬往討三處冲與尢泓設伏

十　苻歆

伊詳

後秦萇〔姚〕

白雀

殺歆、萇引眾奔西川、豪族伊詳推萇為主、稱後秦王、建元

前涼將謝艾繼往關中、與萇為友、然厭處凡世、思歸蜀峰
白雀

約萇曰、苟富貴毋相忘、後萇以龍驤將軍使蜀、至鳳山訪
後秦萇〔姚〕

之、艾以禮相待、假以鐵如意、祝曰、麾之可致兵、萇心疑艾

為之一麾、戈盾戎馬萬餘、列於平坡是也、試兵、萇拜受施行

每賴陰助、至是念昔所約、即其地祀之、廟號九曲、蓋梓潼川來朝

九折神、許以明年立讖報子、時慕容德圍丕於鄴、丕西走

而去

乙百夏、慕容冲即位阿房、號西燕、建元更始、

帝出五將、久長得遂奔五將山、姚萇圍之、執堅縊殺、十八

輿姚
興冲攻長安、堅縊殺、以讖有

久長得薊、在位二丕即位於晉陽、大安、是秋晉太保安以會稽王愍
有得也。十七年。改元

□秦主苌
大安
十闡琰
一謝混

多情釋子
□後燕始祖
祖讚
□健興八
龍興八
□蛣蜣國
蟷蜋國
異然
□魏太祖
拓跋珪
魏太祖
□後秦國
拓跋珪登國
一段隨
登國
□慕容永
一段隨
慕容永

横乃求鎮廣陵偶染疾與子琰孫混謂曰昨夢乘桓溫之
輿行十六里見一白雞而回吾已代溫位十六年歲值乙
酉吾知不免也未幾果薨靖文支遁先往餘姚塢山中精
通釋典大關儒宗與謝安特善既而雲遊東南晚年思還
塢曰安石昔數來見輒移旬日今觸情舉目莫不興想聞
塢遂終於是冬燕王垂定都
安卒至廣陵尋之得病甚劇歸
中山後燕始祖明年拓跋珪稱藩於燕請統代眾蟷蜋國
王柔然來寇珪擊敗之諸部震駭登
國改元燕國號魏覬覦於
燕泰時西燕將段隨殺冲自立慕容永討之逃去永為河
東王姚萇入據長安稱帝改元建初永欲攻之眾勸先擊

2032

後秦
建初
孫義
西燕
中興

□符登
秦
中初
西燕

□太初
苻登

□三河王
呂光

⊙⊙鳩摩羅什

十段業

□耆其國

□龜兹國
王帛純

四鳩摩
羅炎

符丕殺之晉陽太守孫義爲永所獲不屈將繫而殺之義

素燉奉觀世音難中默誦觀音經卷至夜囚門自開械祖

自脫步出重禁中若有導者奔歸得全永據長子歿

興

狄道長苻登䟦族立於隴東大初戊子春涼州呂光

自爲三河王歿陽先受堅命伐龜兹堅瘋曰西域有鳩摩

羅什深解法相善閉陰陽爲後學宗朕甚思之若克而得

什即馳驛送至光以段業爲秦軍進及流沙旱地三百里

謂軍渴甚光祈告天地俄而太雨者其國王峙旁國降龜

慈國王帛純拒戰被殺降者三十餘國光尋計羅什羅什

謂此云世爲天竺國相其父鳩摩羅炎聰慧有大節將嗣相

弗且導全□□卷十二第五節

眞天子。

龜茲王　龜茲震王　龜茲女

位而辭避出家東度葱嶺龜茲王追還郊迎請爲國師王

有妹年二十才悟明敏諸國交聘不許及見炎心敬慕之

王遂以配炎生什七歲父殁與母俱出家什從師受經日

誦千偈偈有三十二字凡三萬二千言義亦自通善經律

論化行西域諸國咸服什神儁每講說諸經諸王長跪座

側令踐而登焉呂光軍未至什謂王曰有勍敵從東方來

宜恭承之純不從光遂殺純立其弟震光獲什幷其母見

年齒尚少未測其智量乃以凡人戲之强妻以龜茲王女

什辭甚苦至光飲以醇酒同閉密室什被逼遂虧其節光

還休軍山下什曰在此必狼狽宜從至隴上光不納夜大

2034

雨、洪潦暴起、死者數千人、光欲留王西國什勸光速歸曰

中路自甫稿土可居至涼州聞堅死入據姑臧稱涼王後為

涼復稱三河王建元龍西隴西鮮卑人乞伏司繁降秦其子

國仁據金城蘭州稱大單于梁王呂光為巳乾歸襲

位太初元巳丑春麒麟出金華縣呂光為巳瑞麟嘉以秃髮

烏孤為河西大都統巳時稱王建號者凡八國六大二小癸

後燕建興八年後秦建初八年西燕永中興八年符秦太初八年

魏登國八年六大國皆合八年之數亦偶遇也姚萇開

王嘉在嵩山迎至問曰天下分裂朕惟定都長安能掃舉

尭平嘉曰弗以土地為尊也長安辟西終為火制萇問氣

數如何嘉曰如三代之久萇曰朕應九五否曰暑當得萇

2035

後秦姚興
呂
姚興
皇弘初
秦符初
符崇
後燕
延初
延初
慕容寶
永康
後涼
龍飛
沮渠羅仇

大怒曰、小道士答朕不恭、有司奏誅嘉及二弟子、先有便

人在隴右逢嘉將而徒行、嘉使寄書與萇、意含譏諷、萇發

嘉及其弟子棺、並無屍骸、各有胡盧一枚、萇因得疾、夢符

堅持刀砍其頭、驚醒轉劇而殂、子興立、元皇初〈甲午春符〉明年改元〈甲午春符乾歸〉

登盡眾而東興與戰殺之、登子崇奔湟中、延初〈梁王乾歸〉

攻殺崇盡有隴西稱西秦王、符秦傳七主、後燕垂伐西燕

永兵潰內叛斬永、西燕丙申閏垂伐魏得疾殂於上谷、位在

十三年、壽子寶立、永康、改元呂光稱天王國號涼、龍飛

為益州牧、不受自稱西平王涼、初呂光殺張掖盧水胡

人沮渠羅仇、其子蒙遜與諸部說段業為盟主稱北涼、

建元神璽、大、晉謝玄薨、帝選時望爲藩鎭潛制道子以殷

小僭國凡七、

北涼　段業

仲堪爲荊州刺史有思理能淸言常自云三日不讀德

△△　神璽

經便覺舌本間強先遊江濱見上流一棺至堪以其無主。

命左右牧葬旬日門前之溝忽起爲岸有稱徐玄伯云感

徐玄伯

殷仲堪惠來謝堪問岸主何祥曰水中有岸爲洲君將爲州官也△

至是果然乙未秋七月太史令奏長星見帝惡之舉酒祝

張貴人

曰長星勸汝一杯酒自古豈有萬歲天子耶明年秋張貴

○安帝德宗

人弒帝言魘暴崩、在位二十四年三十五歲、太子德宗立年十五、幼而

○隆安

不慧明年改元隆安立王氏爲后以王珣爲尚書令珣夢

王后

人與以大筆如椽既覺曰此當有大手筆事俄而孝武崩哀

2037

冊謚議皆珣所草時一少年自稱趙侯姿形頯陋具諸妙

術常以盆盛水作禁魚龍立見侯寓邸中有白米爲鼠所

藕乃披髮持刀晝作地獄四面爲門向東大嘯羣鼠俱到

咒之曰凡非嗷我米者過去盜者李止止者十餘剖腹看

臟有米在焉邸人大奇徃告有男其聞道子召之侯遂徒

跣隨行中途遇雨將仰面微吟雙展自王道子方踞

坐進膳見侯形容笑指之少頃酒盃向口掩鼻不悅知胃

犯戴杯下座稽顙謝過杯乃釋去敬事若神皆遊永康山

上有石人騎石馬侯以印指之人馬一時落首猶名騎石山

道子愈畏服侯曰我與毛劉二兄歷遊東南復欲北去暫

張績

來遊戲耳每戒道子以王未幾不知所往在晉初衢州王質

入山伐木至石室山見中有數童圍碁質置斧柯觀之童

出一物如棗核與質令含不覺飢渴童謂曰汝來已久可

還質取斧其柯巳爛盡質駭異巫歸巳百餘年親舊零落

復入山尋之童子即郭文舉張兆期謝稚堅因毛伯道劉

道恭與趙叔期來授以胎精中記得返老還童近郭志生

歸隱富陽山道學高妙齊往訪之質不能復見遂止石室

以待志生指眠牛地後同上成公石坦東遊後二人北去

志生留居東南多止烏場張績家每歎曰兵荒方生毒流

黎庶將以溝瀆爲棺材蒼蠅爲孝子可爲痛心忽謂績曰

魏
皇始△

蘭汗
慕容楷
慕容奇
燕

□慕容盛
建□公

□後燕盛

永興
魏主珪

當去駕我粗偹材諮壙不須釘、但送山巖中以石鎮材上
足矣後少日而死績謹依其教經數日績親識自富陽還
見志生騎白鹿行山中作書與績教其修善可以免難後
年孫恩反於會稽一冬民遭殺害凍凱志生晤吾室諸仙
什死入九續奉命行善全家得無恙
侶深相契合王質得傳其道亦遍遊審察形勢見代朔王
氣蔚蕊歎曰北魏大與之也改元皇始△丙申秋魏丁酉春魏王珪攻
燕燕主寶夜走戍春范陽王德南徙黎陽夜忽凍合眾
覆冰而渡櫥津、各天德至滑臺稱燕王燕為南寶守龍城尚書蘭
汗殺寶稱昌黎王寶子盛太原王楷汗壻子之子奇殺汗盛
即位年改元建平明魏還都平城始稱帝天興詔朝野束髮

2040

流帽已亥置五經博士燕王德南據青州諸郡定都廣固

明年再改元隆德南燕宛徐與晉錯壤會稽王悉以政

事委子元顯顯生殺任意羣情不附於是東土囂然有孫

恩者字靈秀世奉五斗米道恩叔父泰師事錢唐杜昺昺

有秘術桓温謝安皆欲之見人以舟載瓜而賣昺買之就

問瓜主借刀而剖之謂曰汝自歸刀即送還瓜主別至嘉與

忽一魚躍入舟剖之其刀在腹桓冲欲引昺子詼為從事

昺辭曰吾兒孫並短命不欲令仕進至玄會孫方得吾福

耳常曰吾去世後當有假吾法以破大道者亦是小驅除

也如黄巾相似少時消滅昺為書函封付妻馮氏曰若後

有災異可開示子姪勤修德業時為吳興守勒書吏市榜

諭令家人作衣衾云吾至三月二十六日當行體尋小惡

至期而終尸柔氣漲諸弟子人民為之立碑作頌孫泰稍

得其術浮狡有小才誑誘百姓會稽王恐其為亂收泰誅

之恩逃出海濱以言煽惑謂其叔蟬蛻登仙眾信之各以

財帛資給因招集亡命殺上虞令來攻會稽內史王凝之

義之曾奉冠天師道不令出兵設備官屬請討之曰

吾已借鬼兵守諸津要恩遂陷城殺凝之八郡皆應恩旬

日眾至數萬詔謝琰安子劉牢之討恩彭城劉裕字德輿楚

九世孫其祖靖後丹徒京口里生子雄傑大度催識文字

翹翹生裕生之父神光照室如晝

赤帝斬蛇
神母夜號
彷彿

奉從母以孝聞　母死而
賣優為業好摴蒲偶遊竹林寺僧
卧講堂寺僧駭為火發奔視裕身龍章火焰主僧嘆醒語
以故裕曰吾行止常見二小龍附翼初往新洲伐荻大
蛇長數丈在渚蟠屈裕驚以箭射之蛇遁去裕明日復往
聞荻中有杵臼聲覘之見青衣數童擣藥裕問何為答曰
吾王出遊為劉寄奴所傷寄奴　小將合藥傅之裕伴問王神
何不殺之曰寄奴王者不可殺也裕叱之忽不見裕識其
草而返　名劉寄奴善解蛇毒途遇一相者曰安江表亂者
其仕子乎時至何不自奮裕揖曰匹夫耳安能富貴曰
汝高祖亦匹夫也飄然而去蓋徐太極因晤左師言與浮

弟祖事堅二卷十二第五節　八

西涼

苟嶠

李暠十字

郭馨

丘翁遊蜀為李壽卜後復遊中土觀北魏將弈犖雄江南

亦將易姓故太極來諷裕剙業時召募英雄裕見牢之拜

為泰軍前哨遇賊眾馬逸跌岸下奪長刀仰砍躍登大呼

乘勝掩殺恩通入海琛表〔商〕

裕為下邳太守京口孔靖字〔季恭〕好畫卧夢神人謂曰汝速

逐賊射中恩右肩劉敬宣子之

起天子在門外驚覺出視裕適過靖延入拜賀曰君當大

貴願以身為託庚子秋燉煌李暠自稱涼公稱籓於晉暠

字玄盛小字長生成紀人廣十六世孫遺腹生嘗與同母兄宋繇宿於呂光

太史令郭馨家有驪草馬生白頟駒此其時也及殷業稱涼州牧

台輔家有驪草馬生白頟駒此其時也及殷業稱涼州牧李君有國土之分宋君位為

〔後涼〕

呂纂

呂紹

咸寧

呂保

半呂超

半呂隆

神鼎

署高勃穀令即補燉煌太守縣亦仕業時白狼白駒白雉

白雀白鳩皆來郡圍馬已生駒縣曰忘罄言乎高聞呂光

卒子紹立數日光庶子纂殺紹襲位稱元一年猪生子一

身三首龍出東箱井中至殿前蟠卧比旦失之纂號大殿

為龍翔俄有黑龍升當陽九宮門纂改龍興門鳩摩羅什

曰龍者隱類尚人有時慶現則為災青宜克已以答天誡△

纂不納與什博戲殺基曰斫胡奴頭什曰胡奴將斫人頭△

光弟保有子名超小字胡奴未幾果殺纂而立兄隆神鼎△

釋氏法顯陽武陽人本姓龔平三歲庚為沙彌後師佛圖澄及澄化

歸已亥春顯往西尋至燉煌李暠接見拜問自安術顯曰

九

僧祇傳燈○卷十二第五葉　　　　　　　　　　華藏

顯奉殘晉正朔是冬顯度流沙去天竺一王舍城三十里逼

瞑過一寺僧眾留之宿顯欲詣闍崛山僧諫曰路嶮難阻多

黑獅子橫逕噉人顯曰遠涉數萬里誓到靈鷲嶮難不懼

也辭謝去既至山墝巳臐夕遂焚香禮拜如觀聖儀有三

黑獅子來舐唇搖尾顯誦經不輟以乎摩之伏足旁作伴及

旦三獅齊去正是獅子窟中無異獸象王行處斬疑狼

珠連將終雖有道安王嘉等維持必不能免池水之敗

天意全晉猶赤墀之存劉也

羅炎歸龜而妻龜茲王妹因生什什亦妻龜茲王女究

其家世有一時而欲應帝王曆數宜為五嘉所戲

姚萇小羌襲取一時而欲應帝王曆數已渝

觀碁無幾而谷柯遽爛歸家已渝百年亂世得觀一局

是如飲中山矢唐虞揖讓三杯酒湯武征誅一局碁覽譜

佛圖澄知其心堅接引拜見如來髮聖李暠將叛而忌漢

中楊德輝僑設蘸作書招德輝等赴齋有老道士崔無數

患聾而訖算術德輝畫地作此千二字問之崔公曰以千

偁北去即乖耳楊遠不果去暠就齋日搶諸人稱涼王為

涼明年北涼蒙遜殺叚業自立永安時南涼烏孤辛子利

鹿孤立西秦乾歸被姚興擊敗走降南涼辛丑孤稱河西

王改號明年孤卒傳弟傉檀稱以元弘昌後癸卯與擊後涼

呂隆降後涼傳四主李暠傉檀蒙遜懼各奉表於秦姚萇

初抱羅什高名請之呂氏以什多智識不許時秦有樹連

旦楊德輝	○崔無數	○北涼沮	渠蒙遜	○永安	南涼	旦禿髮利	旦鹿孤	建和	旦傉檀

○ 弘昌
○ 弘始
‖ 後秦
○ 僧叡
○ 麦羅
○ 流支

理生廬延逍遙周慧變爲苴謂智人應入隆既降興迎什

入關待以國師禮自大法東被始於漢明沙歷魏晉經論

漸多而支竺所出女滯義格與少崇三寶銳志講習請什

入西明閣引諸沙門如法座前諦聽演說什通辨夏言尋

覓王經多有乖謬與親興什及僧叡等八百餘人更出大

品什持胡本與執舊經以相考校因得譯出諸經并諸論

三百餘卷惟律藏未闡什開屬賓釋多羅德華言功專精十

誦律部乃延請誦出十誦梵本什譯爲晉文三分獲二多

羅遘疾而亡弘始七年有曇摩流支法樂此言自西域入關善

毘尼慧遠開之希得究竟律部遺書遠姈什與流支共譯

十誦都畢命僧繕寫三藏送至廬山與勅什為三藏法師

隆其供養公卿其不欽附州郡事佛者什八九什於定中

見二小兒登肩乃啟興曰有慾障須女子興笑謂曰大師

聰明超悟天下莫二若一旦厭世何可使法種無嗣遺以

二宮女什受之一交而生二子興復以妓女十人贈什自

此不住僧坊別立廨舍既享尊富又受女侍諸僧欲效之

什聚針盈鉢掬食之曰能食此者方許效我蓄室衆愧服

什覺四大不愈口出三番神咒令外國弟子誦之以自救

未及致力轉覺危殆乃力疾告別於衆前發誠實誓若所

傳無謬當使焚身後舌不焦爛及卒即於逍遙園依外國

二

口△慕容熙

△△光始

元興

⊙水仙

△十辛景

⊙六代師

⊙張椒

法以火焚屍薪滅形消唯舌不灰時西北諸國皆歸於秦

東北後燕主盛殂子熙立改元光始魏占中州為東西屏蔽晉

有星孛於天津壬寅春元改元興南郡公桓玄致威貴會稽父

子元顯以牢之為前鋒討玄單自崩潰玄遂入斬元顯徙

死道于牢之走新州縊死敬宣奔南燕玄總執朝政孫恩

後寇臨海台州刺史辛景擊破之思赴海死育從死者其

黨各為水仙玄聞鄞陽張天師有法恐其生亂奉帝命召

之不至五代師昭成壽百十九歲而化面色如生墓產靈

芝百本或見白鶴往來啟棺視之惟存冠履嗣子根瑩

博通儒書月夜遊鄱湖一老翁登舟進曰聞師家以仙道

立教、願拜下風、而無階可進、不意仙蹤遠駐近津、獲挹光

儀、乞示蘊奧以啟昏愚、師告曰昔者得道之士皆由飯戒

而入、然質心於戒莫若質戒於心、則萬法皆空一真常存。

翁知師已覺起謝而去、從者皆見異光水天一色、問其故、

師笑曰此龍伯也、大道未開故來請耳、師居山多神跡遠

近播聞、時年百餘歲、少子名回初能言即問道是何物眾

不能答、慨然失笑而歎、五歲欲傳經籙父曰且讀儒書對

曰祖書不讀讀他書何為、師深異之、至是晉使累徵師終

不起、歎曰居此濁世、我當避嫌往賀許氏上昇也、遂令回

嗣教宰伸副椒即屍解、許真君除蛟孽後、聚族居閤皂山

本名合宅謂有女各鬪少得家傳道妙適建城芫仁覽曰舉家在也究仙學盡傳其法後仁覽任青州單騎之官留鬪舉侍公姑一夕家僮報院中夜有語笑聲姑訊之鬪曰黃郎爾姑曰吾子從事數千里安得至此鬪曰彼已得道能頃刻千里戒在漏語故不敢令知姑曰若然當使我見方信是夕仁覽歸鬪告以故隣踏不得已此明仁覽乃出謂父母曰仁覽雖從官遠鄉夜必潛歸膝下仙道秘密泄言恐招謗累取竹杖化青龍乘之而去仁覽妹聞兄嫂有道術即往拜求鬪遂傳以道要仙姑因號值吳真君葬母於臨江軍之新淦縣仁覽妻妹皆會送葬仙姑以為離家靜修證道更早

2052

村遠宗族……遠仙

羅　　遠仙

姑觀復……

黃仙……遠

觀水旱疾……

痰祈禱報……

應有仙墓

仙井仙壇

沸石泉井

因名大墓

嶺

盱烈

今見石壁峭立有井竈壇場願依吳母墓修煉父母不能

強、後得吳真君乘白鹿寶車來墓教以太道先自白晝飛

昇留下煉丹石一片石受丹大歲久不冷每提蹴水於上。

不火自煬名為沸石一名仁覽見姝輕舉亦願遠俗家

往依閭宅觀在瑞郡城東北。真君有姝初適盱門外混

世俗而內修真要常云我千年前曾居西山世界消息當

歸真於彼未幾而寡有子名烈字逸事母以孝聞家貧而

管侍甘肯未嘗有闕吳、二真居洪屋山築壇立靖時以

寶符真籙挺俗救民許君每朔望還峯朝拜祖光父母咸

見其乘龍迅速如咫尺、盱烈曾仕州為記室淳篤忠孝真

洪道藏書卷第十二第六節　　四　　崔藏

君委用之、烈奉母結廬於舅宅東北五十餘步、肝母常採
擷花果以奉弟真君惜姊甥志誠以成丹與之元興二年
八月朔旦有二仙乘雲車而降云是玉真上公崔文子太
玄真卿瑕丘仲奉太上玉帝册命徵拜真君為九州都仙
太史高明主者大使之職并告以冲舉之日而去真君謂
肝君母子曰我奉天帝命不得久留汝可後隨即賜靈藥
服之躬裹真訣悉召枚甘彭抗等徒眾及間室卷屬語知
其故適遠遊夫妻去恩父子俱至亦告知之是月望旦午
時天樂遙開祥雲旋繞從官兵衛玉女仙童旌旗節幢前
後導從眾擢真君昇羽蓋龍車臨行垂讖曰上昇後五陵

之內當有八百人得仙豫章江中生太洲横過江口是其
△時也遂令親族侍從旰烈與母郡仙眷四十二口女闖同
公姑仁覽三十二口同時白日拔宅昇天雞犬亦隨百里
內外異香芬馥甘露溥如羣鼠亦隨之上真君恐傷天物
悉令蹴下腸出而不死其地有施旰母壇靖鄉人不敢華
蓋毋于儉世號旰毋靖當仙仗行時闖釵偶瑩下其地
矯約故也役夫許千同妻運米出市聞之弃馳號泣真
成洲墜釵洲役夫許千同妻運米出市聞之弃馳號泣真
君憐其誠篤投一石函中有論九篇非丹術小道干夫婦
守之居隱掊宅基傍地後為仙碑恒玄思欲受禪謂代謝之際
宜有楨神令有司詐言臨平湖開江州甘露降遂矯認禪

2055

趙桓玄　位玄八建康登御麻地忽陷、國號楚改、甲辰春、劉裕與何

元永始　

十何無忌　無忌孔靖劉毅等起兵京口、玄敗走荊州刺史毛璩迎斬

　　　　之年三十六篡裕召敬宣還竄見景象垂出晉必復與嘗

千劉毅　之位戊八月△

　　　　夢神人與土一尤服之覺而喜曰尤桓也桓土既吞吾富

丰毛璩　復歸故鄉于乙巳春改元義熙時盜開下壺墓面如生瓜

口離縱　甲環于背帝賜錢十萬封之、蜀人殺毛璩擁泰軍譙縱為

[義熙]

　　　　成都王闖丙午夏荊襄大旱居民張夔等開內鄉石堂山

張夔　　隱者麻衣子李和有道率衆往請麻衣答以無術法生而

麻衣和尚　紺髮美姿稍長厭世穢腐入終南養靜遇道者謂曰子文

　　　　始也觀子骨法當仙因傳突道要戒之曰

南陽之間湍水之陽有山靈堂巖洞其旁神開泑鄉泑

則往之可以參神於菩莊

鬻畢曰宗奉太乙旨往海陵傳道於菩幼子謹修之道成〔伏一筆〕

可晤必遂昇空而去和如言往求遇樵者導至其處見山

洞若堂處中十有九年人見其冬夏恒著麻衣故號之紫

靈山有水冬夏常溫因名陽谷時往沐浴於中一夕有少

年十二人謂曰紀存請雨但許之請之可得和怪而諾之請者

復至和諾衆曰效篝去雨即至也翼曰果大雨禾乃復蘇

十二少年來拜曰吾爲龍也上帝以師道業成令輔行化

耳和謝遣之時鄉民請懇甚衆別隱於歙之縣山潺薊昌

日高雲
正始
北燕
口馮跋
口劉衛辰
魏跋
太平
天賜
口赫連勃勃
西秦
龍升
拓跋珪紹
魏始
哭宗嗣
永興

黎等處連年不雨是秋慕容熙為高雲所弒二十四年

雲自立寶養子高句麗支屬丁朱改元正始戊申秋雲復為幸人襲殺中衛

將軍馮跋討亂衆推立之明年建號太平異萬後為北燕嚴戒邊戍收防

魏太史屢奏天文乖亂珪自覽占書謂當改王政天賜改元

珪初滅劉衛辰其子勃勃奔秦魏間其內外勃勃邊謀叛

秦為夏后稱大求婚南涼停檀不許勃勃破之秦以南

涼多難徙討僭檀出奇兵勝之諸降秦者皆叛蒙遜復稱

涼王乾歸奔隴西更始魏方欲謀燕少子紹殺珪諸大臣

執紹殺之齊王嗣即位元永興劉裕聞北方禍忠乃收

攬英才或薦北海王鎮惡祖猛日孟嘗此兒生而相齊是

兒旅糗與醒，召爲泰軍。巳酉夏，裕親行伐燕，南燕超子巳德兄
門取名鎮惡、立五年、建
元太上，去歲四月、祀南郊有獸似鼠而赤大如馬來遊
壇側、纜史大風晝晦、羽儀帷幄皆毀裂、超大懼、歸問太史
成公緩綏曰、遠賢良、重賦稅所致、竊恐有關國祚、超不聽
綏數曰、知而不言、是失職也、言而不從、是失德也、綏初作
章安令、得神女之秘、善識天象、爲世地仙、偶遊青齊、暫領
史職、知超將亡、遂去而之南嶺（又曰成公作引）海陵董幼得道徙訪之幼
兄弟三人、惟幼多病、早喪父母、念其體駁不令治家、年十
八、謂母曰、幼病困無能、徒累二兄、欲依道門以度一世、母
許之、遂投道院爲弟子、恭謹勤修、長齋篤志二十餘歲（有道）亦

2059

不作年四十一夜有真人降其室云是文始先生奉太乙

命來授子道要以一軟五鞭與幼令鞭水行之如履平地

一日還家辭母云已聞道不復留人間母曰汝徃何處幼

曰應在峨嵋更受道業未有歸期中表鄉鄰共送至區隅

西江見令鞭水而行回顧舉手作別漸遠不見縱來訪已

去數日欲往峨嵋因蜀道未通暫止臨江慕容超聞劉俗

兵衆迸戰袂獲送建康斬之壬子八年詔劉毅領荊州毅

○嚴晉卿
惡裕威權欲討之恐不能敵聞會稽嚴晉卿傳賀道養之

術召之山陰賀家世以儒術顯道養獨工卜筮人以比之

○賀道養
管輅里中有好女子善歌無病忽死道養為筮之卦成笑

曰、此非死也、獄帝召之歌耳、諸人不信道養乃敕士塊加

其心上俄頃而蘇共問之、女子云、適為黃衣吏所召、至帝

所見庭懸方作樂聞命歌、歌畢而返、殊無苦也、眾駭服、所

驗甚多後傳於晉卿占亦神驗、嚴有同鄉魏序欲暫東行、

時盧循妖黨刼掠、令晉卿占之曰、不可行、必遭暴害之氣、

而非刦也序怪而未信、晉卿曰、若必行、宜以禳之、可索郭

外獨母家白雄狗繫於舡前、始得免禍、序如言索之、止得

駁狗無白者、晉卿曰、駁者亦足、然猶恨其色不純、當餘小

毒及六畜類耳、無所復憂、序行半路、狗忽作聲甚急、如有

物擊之、老比視已吐黑血死矣、其夕、墅上白鵝數頭無故

術奇

馬□□全書卷十二第六節　八

劉藩

蒯恩

朱齡石

西秦　熾磐

永嘉

北涼　玄始

夏　鳳翔

魏

自死而序家人俱無恙至是毅使箋封辭曰

不得於京當慎於恩痛於沙門之徑△

更問之晉卿曰公欲自安莫如勿動毅不從使弟藩在京

託謝混表求兗州刺史裕即宣言混藩謀叛收誅之毅走投佛寺僧

恩假藩除職歸賺入江陵鎮惡大軍繼之毅走

拒之毅自縊死癸丑九年裕為太尉命朱齡石伐蜀縱走

死蠻地裕既平荊蜀專志北方西秦乾歸殂子熾磐立改元

永嘉北涼熾磐龍飛南涼共十八年夏勃勃築

改元玄始僭檀降

都城名統萬鳳翔政姓赫連元神瑞政魏太史奏熒惑道

甲寅魏政

在瓠中忿不見八十餘日於法當入危亡之國嗣召明儒

2062

魏太史
崔浩

後秦
姚泓
永和

擬其所向崔浩曰亡在庚日主西方其在秦乎後數日果

出東井詢守鈎巳乙卯春藥主興班子泓立改元國中大

旱昆明池竭童謠曰

熒惑入國人不安間歲境金火復塞

劉穆之

劉裕將伐秦以劉穆之為左僕射摀攝內外拜鎮惡為征

西涼

西將軍裕率大軍繼後進克洛陽丁巳秋至潼關時西涼

李歆

李暠卒子歆立遣使納賂北涼憑遠弗至姚泓詣鎮惡壘

門降泓少事鳩摩羅什得領義理至是乘隙遁去裕擇一

晉胡報復

相似者代送建康斬之三十四年秦三世共忽報穆之卒裕決意

十劉義真

劉義真東遷以次子義真留鎮鎮惡輔之夏王使子贊攻長安沈

十　赫連璝

十　沈田子

魏夫人

◎劉璞

十　魏舒

田子刺殺鎮惡義眞執斬田子戊午裕進爾宋公開報、召

義眞歸裕遣使召楊義爲侍中辭以年老不赴義於康帝

居簫時曾爲舍人及帝八繼大統即不仕與長史許穆同

志遇南嶽魏夫人長子璞並傳道法夫人名華存字賢同

徒劇陽文康公魏舒之女玉骨氷肌闇必蕙性、

孫思之亂杜陽已知蓋亢易姓受命之始必有一番豪

故如桓去孫盧等皆劉宋之先驅也、

長史箓可稱道而親戚俱仙如盱烈母子彭抗仁覽遠遊

麻衣得傳道要居山靜鍊道成而神龍自來輔化可知

符術與李和俱得太乙度去於峨嵋必有狼蕀

裕之於晉艷似曹之於漢司馬之於魏固知報復不爽君

毅亦人傑、而非簫末展天意在裕也嚴君之下不惡君

平

一 劉璩

期幽靈精誠彌篤、二子粗立乃離隔宇室齋於別寢將逾

幼而味真耻玄常欲獨處父母不許年二十四強適太保
嫁南陽劉文劇字幼、生子曰璞曰璩幼彥為修武令、夫人心

三月忽有太極真人安度明東華大神方諸青童君扶桑

⊙ 安度明

碧阿陽谷神王景林真人小有天王清虛真人王褒來降

⊙ 景林人慎

褒謂夫人曰聞子密緯真氣注入三清勤苦至矣命侍女

華散條李明𤣭等使披雲蘊開玉笈出太上寶文八素隱

⊙ 華散條

書大洞真經靈書八道紫氣炎光石精金馬神真虎文高

仙羽玄等經凡三十一卷授之景林亦授黃庭內景經令

⊙ 李明𤣭

籲之萬遍能安六府調三魂五藏生華色返嬰見不死之
道也△夫人拜受四真常降教以道要後幼彥卒中原亂
夫人携子渡江道法悉授於璞歷仕至侍中瑕為陶侃從
事中郎將咸和九年王褒青童復降授夫人成藥二劑一
曰遷神白駒神散一曰石精金光化形靈丹使服之凡七
日太乙玄仙遣飈車來迎乃剋化而去陶真時年八十三
復精修陽洛山中張道陵降授明威章奏存祝更兵符籙
之訣又十六年白日昇天北詣上清宮玉闕之下太微帝
君中央黃老君三素高元君上清玉晨道君太素三元君
扶桑大帝君龜山金母金闕聖君南極元君各令使者授

2066

玉裓金文位爲紫虛元君領上真司命南嶽夫人比秋仙

公使治天台大霍山洞臺中主下訓奉道當爲仙者使夫

人於王屋小有天中更齋戒三月九微元君王母三元夫

人命諸神仙隷屬及南嶽官吏虎旂龍輦激耀百里並送

諸山臺安駕玉字興寧三年夫人降楊義家謂曰修道之

士不欲見血肉見而避之不如不見蓋已死之物即爲屍

氣觸之最能敗真而況可食乎吾昨與茅叔申真君諸情

虛宮校仙真之籍得失之事頒落四十七人復上者三人

耳故當洗心虛邁勤注理靜若抱活欲之心行上真之道

者清宮所落皆此輩也豈止落名生籍方將被考於三官

帛租傳燈　長十二第七節　二

2067

勉之慎之宗道者責無邪棲眞者安恬愉精而不動能而
不專無益此又曰得道去世託體留跡者道之隱也視其
形如生人者足不青皮不皺者目光不落者髮盡落而失
形骨者皆尸解也若非此例死經太陰暫過三官者肉彤
脉散血沉灰爛而五藏自生骨如瑩玉七魄營待三魂守
宅者或三十年二十年十年三年當血肉再生復質成形
必勝於昔日之容此名煉形太陰易貌三官之仙也天帝
云太陰煉身形勝服九轉丹形容端且嚴面色似瑩雲上
登太極閤受書為眞人是也凡尸解白日為上夜半為下
向暮向晚為地下主者此得道之差降也地下主者乃下

道之文官地下鬼師、乃下道之武官文鮮一百四年一進

武鮮倍之當歸心於一任於永信心歸則正神和信順利

貞之兆自然之感無假兩際也羲再拜受教夫人贈以詩

曰、

玄感妙象外和聲自相招靈雲鬱紫晨蘭風扇綠輈上

真宴瑤臺邈為地仙標所期貴遠邁故能秀頴翹駪彼

八素翰道成初不逾人筆胡可預使爾形氣消

遂去於撫州并山立靜室復於臨汝水西置壇宇累世顯

化羲遵教精勤不怠至六月望夜又感紫微王夫人與太

華安妃二十三真人十五仙女降室傳太上命授羲為玄

三

清眞人許穆為上清眞人、玉斧為徇行眞人、羲常與穆父
子戒曰學道當如射箭、前直往不顧乃造棚的操志入
山惟直往弗疑乃獲至眞穆曰學道如穿井井愈深則土
愈難出若不堅心正行豈得見泉源耶玉斧曰學道專精
寂焉如密有所觀黙黙如潛有所得乃就道之門也若幽
寂沉味保合太眞就正六府無視無聽乃道之易也至是
皆成證果羲先劍解去朝見諸眞魏夫人領徃諸受職
經行貝丘見山下一人隱隱有青氣浮頂傳雲問之云是
北海蓬球在此苦寒整百年唯服松栢專候仙眞憐慶夫
人慰之曰我徃東華奏聞自有宣音與羲駕雲去球盻望

無已、越旦有晉衣女童傳命曰奉郭仙姑言來請蓬君球

欣然隨乘山頂見一女真笑迎曰瞑晤日久猶能記憶乎

球仰視忽索彷彿仙乘鶴後來者點頭曰然女真曰我是

漢時郭勺藥自得道尸解後或遊玄州或處方諸臺君昔

所見者是韓西華王進賢田六出薛玉華蔡元暉今日會

〔李奚子〕
慶李奚子入居華陽洞君可與會熟識諸真也球曰奚子

三李惠
何品勺藥曰即晉舉平太守李惠之祖母與夫貞節丘園。

性惟慈德專一其志每遇雪東積穀布於庭㘭恐禽鳥飢

死夜必蓄食為鼠㹑用心大率如此故當慶之球問華陽

〇趙熙
有何主掌郭曰漢幽州刺史趙熙少有善行救王惠等族

誅有陰德數十事一子名年有危難遇朱陵仙孀丁淑英

謂曰因爾父救濟窮困上感皇人令授以道要更引其父

子形詣朱陵洞天熙教其女素臺亦得大道自此數遊三

清司命皆來聽政華陽有宮曰易遷素臺在宮已四百年

不肯轉徙自以天下無復樂於此也常微服遊行盼山澤

以自足南土除崑崙外有女真郡會處者三一曰玄州有

主仙道君之侍女王抱臺所掌一曰方諸臺西王母命趙

愛見主之三曰易遷宮即素臺所轄也若夫見丘偶爲休

憩仙卿之下院也球問主仙道君何眞郭曰玄妙無坐元

君也球又問三處衆眞如何郭曰華陽稱最周暢女爰支

從南宮受化來洞中爲明晨左侍郎朱寓母張桃枝爲右
侍郎張微子久處易遷令陞理舍眞臺洞天有桓帝甥傅
禮和代掌矣寶瓊英寶后爲其六代祖峙常葬枯骨活死
因故後祚及焉李廣利之婦韓太華安國妹也因廣利宿
世有功德同受化南宮與二寶俱在易遷漢宗正劉奉先
之女春龍魏武時郎中令王修之母郭叔香以其先世皆
有陰德於民故得化形煉影入居侍郎之任仙家以良才
舉之不限男女也球拜領其教勺藥贈服生羽丹身輕若
舞即引至華陽山洞謂曰君須先拜協晨夫人方得進謁
球問爲誰勺藥曰漢司徒黃瓊女景華也位爲總教領九

宮諸神女得出入易遷球隨入泰拜庭下夫人命侍女扶

起曰蓬君久蹴踘矣球鞠恭旁立有頃玉磬聲響夫人曰

上宮輦仙畢集可徃會見球從上登一路曲檻雕欄歌竂

舞榭再上有金城玉殿珠崖璃樓旣至宮窺其中有仙姝

無數並天姿嚴麗駭衆儀冠才識煒燦語言朗清夫人勻

藥先八與衆施禮向一女眞稱賀勻藥前連球事趨出引

入逐一拜兜在旁宣揚名號皆所聞過者猶有不能記

憶數十輩忽聞鸞鳴鶴唳空中傳呼曰道君駕到衆仙仰

空拜迎隊伐幢幡開處道君下輦左右麗褒二女仙扶披

正坐富殿受衆謁畢啟口曰美子得證仙籍可慶手授紅

玉丹經以弊之奚子捧經拜謝時球隨班下列道君招近

謝曰子本蓬島小童爲犯清律謫世故前得晤眾似不當

向俗人傳播故復見逕滯幸爾堅志苦修○百年乃見頃魏

夫人至方諸臺爲子懺悔帝君特許歸眞有曰不令即返

惡深自追恨但獨世歲長實難排遣道君賜以玉九連環

本元且再居世百年自能尸解復位球長跪泣曰宿犯過

曰常以此爲弄物環相脫則當還也遂起身謂眾曰奚子

既謁群眞宜與偕朝西母眾曰諾乘輿昇去球目斷重霄

原歸止見丘聞宋公已代晉矣先是太史令駱達告裕曰

義熙元年至今太白晝見經天凡七占曰太白經天人主

六

更異姓辛亥五虹見於五方占曰五虹見天子黜聖人出

甲寅鎮星歲星太白熒惑聚於東井丁巳鎮星入太微占

曰鎮星守太微有立王有徙王△天命已歸弗可違也裕以

讖云昌明之後尚有二帝密使帝左右弒帝△在位二十二年在位二十七歲

立瑯瑘王德文△恭帝已未春為元熙裕進爵宋王是冬殂

黑龍西升於天庚申春有釋氏法柳自稱冀州道人同一

弟子至宋府前指僚屬大言曰嵩神言江東劉將軍漢家

苗裔當受天符吾以墜三十二鎮金一併與之劉兩卜世

之數建武至建安未一百九十六而禪魏黃初至咸熙四

十六年而禪晉泰始至今恰一百五十六凡禪咸窮於六

四
宋高祖　劉裕

劉氏三滅
司馬

六徐羨之
一謝晦
十檀道濟
宋

今又天垂景象可速偹儀禮裕召入問曰孤既代晉世祚、

如何椰曰亦不出乎六但能足其數耳與徒飄然而去裕於

喜足數之語約並殷商六百年矣傳亮勸帝書詔為壇於

南郊迎裕即位國號宋改元永初夜令人栽晉帝年壽三二

十七、東西而騶達改朮始曆為永初曆杜以子臘以辰是

歲西涼李歆卒子恂立明年北涼蒙遜乘爽滅之夏北涼

北燕、西秦宋蔡滛祠自蔣山栴以下皆絶之蔣侯加爵相

匹大國、

國大都督封王王戒春義真自敗歸病卒宋主戒疾夏五

月召徐羨之傳亮謝晦檀道濟同被顧命遂殂壽六十七、

太子義符点、史稱少帝諡父高明年改元景平魏攻取洛

在位三十七、

弗且尊㗊☐　卷十二第六節

七

集藏

陽嗣感風症姐子蘇充·世祖木武明懮素好道術常罥道

士干人詔立天師道場先祿大夫崔浩不好老莊書曰此

矯誣之說不近人情老聃習禮仲尼所師豈肯為敗法之

書以亂先王之治乎尤不信佛嘗曰何為事此胡神魏主

左右毀浩謗訕道佛燾命浩以公歸第武城人·白皙如

女子博學有心計自謂才比張良而稽古過之既歸修服

食養性初嵩陽冠謙之昌平人寓於許弱年多道心入低

成公與宗精勵累年一旦得真人成公與來諳以丹肯乃隨入嵩

山興冷食藥藥皆惡毒謙之懼而走興意其苦修弗得真

道行將退志不必效壺公試也遂分以成丹謙之既受不

獨非老

謙即服必欲積功立行於世聞龍虎山張真人有濟世符

法乃與徐道季往求天師感其誠親降齋壇授之謙之遂

以符章救治疾苦往往神驗謂之新科符籙東至會稽王

凝之師事之謙之曰子神清骨俗未可學道但勤修政事

身安而民寧矣凝之執意拜求謙之勉與陰符一冊令著

意修省復遊幽冀間民賴以活者萬數北方多稱寇天師

焉謙之復南遊沅臨辰溪麻陽有齊天山天晴則秀色愈

奇知其中有異人訪求得見河上公語道與成公與所言

叒同退而省之年餘覽有所得始服成毋崔浩隨征至洛

時知嵩山有寇道士修道陵之術能辟穀輕身因率導從

2079

道、宜乎不得

干人詣山訪問竟日不得既還平城代人李譜文遇神人
授圖籙眞經不辨其字開崔浩博聞稽古呈觀之浩識其
大概莫測淵微圖籙其經以原本付還曰近世有冠公者、
精通道法子可虔往質之譜文齋百日捧經籙八篇即得
見冠顧經曰子壽命不長、註明此經將二十載非輕易聞
㪍子當期於來世譜文快快拜別歸告於浩浩如睡覺未
幾譜文卒浩獨師其術開居以所錄經籙推演其器數陳
成集大約修眞養元爲內要征戰政治爲外要合陰符素
書之義獻於魏王召浩講之始明壽乃內習導引外親武
事魏國愈強時南國曲阿 丹陽縣 王纂者初居馬跡山爲道

王纂

士仁遽蠢類值西晉末兵荒疫癘城野死亡枕籍纂於靜

室飛章告玄三夕中繼之以泣明夜有光如晝瑞風景雲

紛郁空際俄而異香天樂下集庭中介金執銳之士三千

餘人羅列若有所候頃之珠幢寶幡蜺旌羽節錦旆虹旗

相對前引又四青童執花捧香二侍女捧案地舒文席前

立巨屏左右龍虎將軍侍從官將各二十許人立屏兩面

若作偌衛班列肅如也須臾笙簧異響自此而至五色奇

光灼爍豔逸一人佩劍持版而前告纂曰太上道君至矣

百寶蓮花大座上坐道君有二真人二天帝旁侍憑空下

降纂拜手跪伏道君曰子懸念生民形於章告劍心投血

感動幽冥。地司列言吾得以鑒於子矣纂甯闓禮拜道君

告曰夫一陰一陽化育萬物而五行為之用且布相

勝各有盛衰代謝推遷間不容息是以生生不停氣氣互

勝億劫已來未始暫輟也得其生者合於純陽升於天而

仙得其死者淪於至陰在地而為鬼鬼物之中自有優劣

強弱剛柔善惡與人世無異玉皇天尊慮鬼神之橫害於

人常命酆帝三官檢制部御之善政不少異聖人自至公

魏夫人仙贊本高所以諸真勤勤指示及諧位南嶽較

諸男子修道者更自高一頭地

楊羲能避俗自修故夫人親臨教誨然其訓誥傳於後

世又不獨教義也

謙之得成公與之丹不欲即服立願濟世宜子河上公

與天師俱樂授其道

○○乘舟空裏龍為御．

○說法山前石點頭。

妖詐萌生違綱常之教。自投死地。由是六天故氣魔鬼之

律令刑章囿不明偏然而季世之民澆偽者眾淳源既散。

徒與歷代以來敗死軍將聚結為黨戕害生民為兩乘風、

因衰伺隙為種種病中其傷者極多亦有不終天年懼其

天柱昔於杜陽宮出神咒經授真人唐平使其流布以救

民物、世人見正覡自起之名謂為虛誕、此蓋從來將領生

為兵統死為鬼帥有功遷務陰官殘虛猶為魔屬乘五行、

敗氣為療為疫然惟陽為憚以神咒服之、自當彈戕令以

神化神咒二經復授於于拔行拯護萬民命侍壹拔九光

弗且專豎……卷十二第八節

之韞出二經及三五大齋之訣、授曰、勉而勤之、陰功克成、

眞階可冀也、言訖、千乘萬騎西光而舉、還於上淸簑按經

品齋科行於江表、疫癘鎮弭、生靈又康、近有唐道士來訪、

相與入圌關去南方奉行其道、蒙福者不勝紀戴、而宋主義〔壽殺之在立〕

行居喪無禮、甲子秋顧命諸臣廢爲營陽王、位一年、

宜都王義隆、文帝改元元嘉、丙寅三年詔暴徐湛謝罪悉

收誅之、徵謝靈運爲秘書監、〔封之△〕顏延之爲中書侍郎、〔之舍〕

曾靈運襲封康樂、道情山水、雅慕南康石璧之勝、躡屐以〔孫〕

遊、遂築精舍憩焉、曾入孔淳之源、〔宇彥居會稽剡縣每遊必〕

窮其幽退、遇沙門法崇留三載、及還不告姓、與徵士戴

四 孫遊岳
二 周續之
百 陸修靜
回 王敬弘
回 陶潛
二 陶茂
回 王弘之

顯王弘之、王敬弘等為塵外之遊、至是復徵淳之集衆人

逃於上虞丁卯四年晉處士陶潛卒、（初名淵明或云淵明字元亮柴桑人佩之）

曾隱武昌太少有高趣。嘗為彭澤令、八十日郡督郵至、吏（高尚）

守茂之孫、

白當束帶見之、淵明曰豈為五斗米而折腰耶即解印綬、

歸去後徵著作郎不就隱於南康之栗里植五柳於宅邊、

因以為號作傳以自光夏月高卧北窻清風颯至自謂義

皇上人性不解音但畜無絃素琴每朋會則撫而和之曰、

但識琴中趣何勞絃上聲與陸修靜周續之釋慧遠等為

世外交修靜與東遠人、（字見貌吳目具重瞳鬚分五綹掌有篆字背）

有斗文博精象緯初從孫遊岳學道後遇浮丘子煉丹於

佛祖歷代通載　卷十二　第八節　二

山頂有石室、修靜師之得其道、為簡寂觀主結社廬山

一日若趣裝將行忽尸解去、是其居後為太虛觀中有修竹、出苦笋而味反甘、

慧遠卜居廬阜影不出山送客率以虎溪為界過則虎輒

鳴號偶與淵明修靜語道契合不覺過溪在右言之三人

大笑、東林寺前虎與劉遺民雷次宗竺道生宗炳等十八

人結蓮社二池植白蓮於中

劉遺民鑿池為於山後鑒惟淵明至則許飲酒靈運

竺道生求入杜心雜不許遠公年八十有三卒淵明愛菊遍植

宗炳東籬開時獨對舉杯吟嘯自得及宋受禪累辟不應著摩

瞿氏輔錄以見志其蒔賦文疏任真自得妻翟氏亦安勤苦生

五子五子皆隱卒年六十三世號靖節先生宋主好賢徵豫章

劉遺民

雷次宗

竺道生

宗炳

翟氏

五子

△招隱
□宋主昌　□晉主昌
─魏△△　承元△
△神麃
□夏主定
△徐道度

雷次宗至築室鍾山西巖曰招隱館、次宗講喪服禮、採藥東籬下、悠然見南山歟、曰淵明其得道者也、宗炳字少文、武帝辟為主簿不起、栖山飲谷三十餘年、愛遠遊、橅忘西陟荊巫、南登衡嶽、有疾還江陵、歎曰、唯澄懷觀道、卧以遊之、凡所遊履皆圖之於室、曰撫琴動操、欲令衆山皆響、古有金石莘惟炳得傳、帝遣樂師楊觀就受、炳勸恤民倫邊帝善之、時夏勃勃親子昌立、承元、崔浩謂魏主曰、太白入鬼分、主夏削地、遂伐統萬、昌奔蠕蠕國、壽獵朔方、得白牝鹿如犿、菖於苑、神麃△元夏人立赫連定於長安、璝稱臣於宗約攻魏、庚午春、帝開錢唐徐道度善醫、徵之、道度之祖熙

帝建康聖教卷十二第八節　　三

△徐熙

△徐秋夫

△杜道鞠

△范悅時

△褚欣遠

△裙亂

△裴彥之

十到彥之

△增寵同智

如蟄捕蟬

仕晉為濮陽太守好道隱秦望山有道士過求飲留一胡

盧日君之子孫宜以道術救世亦得二千石熙開視乃偏

鵲人鏡經熙因精究其理名震海內子秋夫繼其業宅於

吳溝橋東曾醫鬼病推重當時至道慶巳歷三世生而病

足帝令乘小輿入為諸皇子療疾無不劾授蘭陵太守

同時有杜道鞠善琴范悅時褚欣遠善摸書褚亂善奕道

稱錢唐五絕是夏詔到彥之北伐司兗既平十一月魏道

將南侵虎牢不中彥之急還辛未櫃道濟進至濟上十餘

戰多捷食盡引還乃唱籌量沙魏不敢追裏主乘閒攻西

秦熾磐巳殂子慕永立戰敗降魏巳賺取長安定奔北涼

西秦
二兩
曰永

北涼
義熙

魏
延和

西弗
古弗元之

曰古弗

古說之名

義賢古風

蓋斯亦如此

自緣

且斷其人

蒙遜改元義稱魏供有夏秦夏三主共二十五年西町年壬申改
元義稱秦夏三主共二十五年西町年壬申改

和以古弗爲尚書令質朴好直諫號筆公以弗有族子元

之少養於弗因飲酒而卒弗憐之甚礙三日聞棺中剎啄

聲急啟巳生矣驚喜問之元之云昏醉時忽覺沃冷水於

體仰見一人衣冠絳裝霓帔儀貌甚俊顧我曰吾乃古說

此是汝遠祖適欲至和神國無人擔囊侍從因來取汝即

令負一大囊可重一鈞又與一竹杖長丈餘令乘之隨去

飛舉甚速常在半天西南行不知里數山河逾遠顏然下

地巳至和神國其國無大山高者不過數十丈皆積碧琨

石際生青彩蘽篠軟草香媚好愉嘲啎山頂皆平正如砥

佛祖傳経 卷十二 第八節 四 圭臷

清泉迸下者百道原野無凡樹悉生百果每樹花卉駭寶

色鮮紅翠葉四時不改唯一歲一度暗換花實更生新嫩

田疇盡長大瓠瓵中實俱五穀甘香珍美非中國稻梁可

比人得足食原隰滋茂猶稼穡不生樹木枝幹間悉生五色

絲纊人得收取性意纖維四時之氣常熙熙和淑知中國

二三月無蚊虻螟蟻蜂蝎宇宮蟆蚣蛛蟥之屬亦無虎狼

豺豹狐狸麋駮之獸又無貓鼠猪犬擾害其人長短妍蚩

皆等無有嗜欲愛憎人生皆二男二女為隣則世世為婚

姻笄年而嫁二十而娶人壽一百二十中無夭折疾病瘡

聾跛躄瞽之患壽盡則欻然失其所在雖親族子孫皆忘其

不若生一
男一女永
執增減若
各生加倍
何以答之

人故常無憂戚每日午一餐中間唯食酒漿果實耳餐亦

不知所化不置圊窖餘糧棲畝無灌園鬻蔬

野菜皆足人食十畝有一酒泉味甘而香日相攜遊覽歌

詠陶陶然暮夜而散未嘗昏醉或汲而歸飲其泉不竭僕

婢皆自然謹慎知人意屋室壯麗有馬散於郊野隨人所

乘乘訖却放亦無上守其國千官皆足雜於下人以無所

操斷也雖有君主而雜於千官以無所升貶賞罰也以無

雷風雨其風輕如煦襲物不搖落十日一雨雨必以夜津

潤條暢不致淹流國人皆自相親如戚屬無市易商販以

不求利故也向我細說風土曰此國雖非神仙俗亦不惡

行山水自號知和子、一日忽不歸、後有見其與陽翁雍伯

以為神仙託名醒世耳、自是元之疎逸、人事都忘、宮情遊

汝回當與世人說之、因以酒飲我、滿飲數巡、不覺醉也、弼

同行、容顏不改、皆謂其得仙矣、陽雍伯者、盧龍人、事親以

以毋歿、葬無終山、雍伯盧於墓側、晝夜號慟、山高無水、

神明感之、出泉於其盧旁、雍伯因引水就道、以濟行人、

歲歉、以麥漿齊賀、嘗有飲馬者、以白石子一器與之、粒如

菜子、曰種此當生美玉、伯依言種之、果得白碧數雙、北平

徐氏有女、伯欲求婚、徐謂媒曰、得白璧一雙為聘、方可、伯

一派幸道明王進以五雙白璧遂埇壻徐氏數年雲龍下迎夫婦俱昇天馮

北燕主　馮弘　大興△

北涼△

北涼　牧犍△　永和

回張慎

北燕　魏太延

呂馮翼

台　琅邪　王抗

褚思莊　世

甚　赤松

跋聞之爲立玉田坊於居處未幾跋殂姐子弘立、改元

大興、△癸酉、

春、北涼蒙遜殂、子牧犍立、改元永和、△有父老投書於敦煌東門、

求之不獲書曰涼王三十年若七年、牧犍以問奉常張慎、

慎曰昔虢之將亡神降於莘顯陛下崇德修政不然臣恐

七年將有大變牧犍不悅北魏勢大乙亥、改北燕、延△兩子秋伐燕、

弘奔高麗燕將復立其弟翼於昌黎魏虜翼歸共二十八

年、聞宋殺檀道濟咸相喜慶宋主志在進取好及圍碁於

是江左多能碁人、琅邪王抗得石室秘譜精練凱久爲當

世第一品吳都褚思莊會稽夏赤松爲第二品赤松思速

善於大行取勢思莊思遲巧於關子攻堅而抗兼得之有

六

年歲

重詣府求奕、抗意甚忽、勉饒其先局、未竟、抗子所活無幾、
乃覆局再奕、疑神搆思、復輸七子、困、致問姓氏、童脫壁上
掛引曰、此子姓也、遊辭去、自言曰、此我山中第六手也、抗

△何尚之　送出忽不見、宋主雅好藝文、戊寅春立四學、何尚之玄學、

△何承天　何承天史學、謝元文□、雷次宗儒學、已郊山、衡陽王義季

△謝元　都督荊襄、率常春月出畋、有老父被苦而耕、左右斤之、父

〇劉義季　曰、令陽和布氣、不耕則失其時、奈何以從禽之樂而驅斤

老農也、季曰、賢者也、命賜之食、辭曰、不奪農時、則境內皆

〇馮伯達　鮑、何敢獨受賜、遂去、季令踪之、乃知其姓馮字伯達、豫章

建昌人、世奉吳許之道、孝弟精進、濟物利民、常往來荊湘

間、季鷹之於朝陳辭得吉欲官之、以年老辭歸、下都後尋

載鄉人南還行至梅根阻風連日伯達謂船主曰欲得速

至家、但安眠慎勿開眼、其夜聞舫下刺樹杪而不危抗蘇

有窺者見兩龍挾梁翼船迅若電逝未曉到合伯達聞巳、吳訪真傳

西范釘有道訪之釘釣往辰溪聽河上公講易釘乃閭中

人久住支江百里洲修太平無為之道日噬嗽項有五 △

色光起冬夏惟單布衣桓溫時頭巳斑白至是狀貌不改

能知吉凶雖萬里外如指掌或問先生是誚仙耶析曰東

方朔乃黠於我小兒時數與狡贅又云武王伐釘滄城

頭戰前歌後舞我猶見之人亦未盡信帝聞而召見答詔

七

口劉義恭

口陳忠

南北朝

四劉演

稱我而不稱臣時劭為太子劭從東宮過指宮門曰此中
正是前知

有博鞊烏恭何養賊不知帝心忌之勅劭自盡江夏王義

恭命埋新亭赤岸崗側既而劭所為凶暴因憶劭言殯棺

巳無屍乃木悔越明年劭弟子陳忠夜起忽有光如晝見

劭入門就榻坐云比復還東鄉善護我宅即洲二老翁後

至劭起迎忠問之曰馮道長須吏俱出門劭復與二弟子

跨三鳳毛羽炫爛音聲諧和遊丹陽都城之南百姓集觀

劭曰北方將靖南土宜作儂奐振羽而起復入廬山是歲

魏伐涼牧犍乞降雖宋魏二國為南北朝焉先是北涼有

劉師者名演字摩訶本是龜粝人始大道詿金學經令復

歸釋洞曉經律深入禪要占記吉凶愍臉蒙遜時西而求似

學道經肅州衛止瀘小草菴合掌而入涅槃其徒茶毘之

骨化為珠血化為丹衆為立祠於示寂之所祈禱者徃徃

獲珠丹纏火火滅析雨雨降禱病病瘥遠近爭奉魏主亦

使人杞之明年庚辰魏取冠謙之神書之文改元太平真

君魏主初得謙之重禮事之尊爲上清道士羣下咸稱天

師敎度後學無算問得傳何人謙之曰魏城元大行也復

問太師旣抱道法而何不聞於世曰嘗學法於豫章吳眞

君謂其行道宜晚故深隱不顯辛巳七月七日謙之必玉

匣緘陰符素書藏於五嶽名山口門傳後世好道之人

八

2097

高允

執謂崔浩智子房恐不如是

安期原是崔氏之祖

在魏境唯南嶽，以霍山代之。明年春忽謂弟子曰昨夢成公興召我於

中嶽仙宮遂羽化有青烟如烟從口中出天半乃消其體

漸長至八尺三寸三日後復縮僅大寸許舉國驚異將卜

葬之經七日尋屍不得。識者謂尸解之上七年崔浩勸魏

主盡誅沙門謂捨王道而尚異端滅倫毀體齋從之厄塔

廟經像無復子遺沙門遠竄已丑使崔浩高允撰國記北

人譖浩暴揚國惡有司按浩夷其五族以允質直敕之浩

未收時夜有神人降其庭曰司徒何在家人驚告於浩神

曰大難至矣浩問所由請其姓氏曰吾安期生也子奈何

以偏執之見戰及無辜釋迦悲念華裏塗炭是以令諸大

2098

弟子行化將求治世帝予亦像西來且子得奉陰篰當究

其理憫子殀波通族特來相救浩笑謝安期歎曰子有好

爵更悟於恒山也國門始啟而去曰晡即有收者入家執

浩及僚屬僮吏凡一百二十八人盡殺於市浩魂遊蕩後

其惡趣如何浩泣曰臨刑時如熱油灌頂飛灰三千里今遇安期招問

猶日受其苦炎笑曰所謂巳所不欲勿施於人子自招致

也賴好道有歸着宋聞魏誅浩遂經畧中原為魏所敗江

因引入兆嶽潛修

北赤地無餘燕歸巢於林木先是竺道生在廬山鑽研諸

經不罷疲倦幽棲七年遠公殁徃長安從什公受業器鑒

日深論辨精敏關中僧眾欽服若神後返江南遊虎丘山

冷然若有會心處遂褄迹焉常獨坐長松下別無所接乃

聚石為徒、與之說法、一日講誦涅槃經至闡提亦有佛性

處、曰如吾所說果斡佛心否暨石亦為點頭、人始異之、帝

聞其名、親往禮問、因大會僧眾施食、子為天食朝苦薩

自古重瞳者為大聖、為霸王、為高隱、午為人、食晚鬼餤群

存乎方寸之間、聞諍重上下羽重右右、未知陸重何似

晉末惟靖節一人、居亂而氣豪一世、其不危言也、

和神一殷見於擾攘之際、蓋仙佛厭苦殺奪故持惜古

說示以妙境、使傳於世、消其紛爭之毒耳、若人能乎、

下氣至、何地非和神國乎、

雍伯至孝、得仙、須知大道在遇以石種玉、世無此理、能

有信心、使是道器、

宇內三家、缺一如鼎之折足、佶見偏勤誅沙門、始盡國

可望其立、後致君臣慘禍、得非佛氏有靈、

伯達之諫、義李為民也、范斜之識子勁、為國也、值此高

人而不勤求治道、宋人可謂無目、

崔浩戀戀微名、安期援引不悟虎丘頑石猶覽勝之

○蕭氏應期生帝子　○陶家世德誕眞仙

僧律日過中即不食帝曰始可中耳生公曰白日麗天夫

言中何得非中即舉箸而食帝大悦曰後建寺曰可中是夏雷震青

園佛殿忽見一龍飛躍昇天光影四壁識者曰龍去生公

必行奧數日道生果復還匡廬遺影藏於虎丘巖岫間　元

嘉十一年升法座宣講涅槃將畢麈尾紛墜記取廬山眞面

目再來莫作廣陵人忽見拂子紛紛墜地遂端坐而逝　廣

陵張定者童幼時入學中起早天寒月曉獨行百餘步一

道士行甚急顧見之立而言曰此可教也因問子何好答

曰好長命耳道曰有仙骨來道必成且教汝變化之術幼

立志俟奇

一

泄於人十年外吾自迎汝即以口訣授之定讅謹訥小心於

家甚孝同父母徃連水省親至縣有音樂戲劇父母曰戲

甚盛親表皆去汝何獨不徃定日此有青州大皷亦可觀

也即提一空水瓶可受二斗置於庭禹步繞二三匝乃傾

於院內見人無數皆長六七寸官僚將吏士女膂人喧闐

滿庭局筵隊仗音樂百戲樓閤車棚無不精審如此一日

至夕復側瓲於庭人物車馬邐迤俱入瓶內父母取瓶視

之仍無一物每見圖障屏風有人物音樂者以手指之皆

能飛走歌舞言笑趨動與真無異問從何學答曰師姓藥

海陵山神仙已錫昇天之道約在十年今七年矣辭家入

天柱潛山臨去日若有意念兒自歸家無深慮也自後念
之即還壽復飛去○元嘉十二年定歸曰十六年後廣陵為
尾礫場矣可移家海州以就福地留丹二粒與父母自此
不復歸其丹百餘年無疾至是江北大為魏兵殘破始憶
定言而僧眾亦悟生公所記都民念及跨鳳者所言皆驗
○

宗愛
因築臺於其地鳳凰臺壬辰魏中常侍宗愛弑其君尚書

賀源陸
賀源陸廙陳愛立皇孫濬政元興安△為高宗文成帝元興安
勃凶頑欲廢不決勃乃弑帝自立年壽四十七時有蠻人

魏波汶
入武陵山射鹿鹿奔避石穴中蠻逐之穴傍有梯因上登

成帝
鹿苑荒

劉劭
倒劭顧矚然開朗別有天日桑果蔚然阡陌平直行人相謂曰

蠻人
南北氣塵

㊀宋孝武
㊁帝駿
㊂孝建
㊂魏△
㊃興△光
㊃宋△
㊄大明
㊄回馬榮

王氣所恭那能來此似有驅執狀蠻懼而遽出旋削樹記

路結伴尋之無復處所是武陵王駿文帝第誅勵自立

世祖孝武甲午改元興光丁酉宋改元孝建魏改元大明北魏多病癩者有馬榮住梁

國戴城中兩眼赤爛瞳子如不見物而能明察洞視善治

病凡病癩不容於鄉里者悉求投榮為治之悉差榮常云

患脚每乘鹿車無遠近不見人牛推引而車自至或一日

趨數十處謝各有一榮亦當遊於江南凡與人言自稱厄

子作韋三詩類乎讖緯於孝建二年三月初作書與兩國

人別言欲往南陵訪韓君耳至十六日中時遂卒鄉人共

驗之如委蛻焉南陵冠軍韓越心漾神仙形狀狂遏隨師

○ 十臺將

△ 越妻

△△ 魏

和平

⊙ 文廣通

長齋誦詠口不輟聲常著裘入山或百日五十日輒還家、人問越未嘗實對後鄉人斫木於大陽山絶崖石室中見越與六七人讀經越後還巒村暴亡家人徃殮昇葬覺棺輕疑非真屍發視唯竹杖大明元年越之鄉人為臺將北使於青州於南門遇越容貌益少共語稷時訪親妻存亡。悲欣疑然越云吾婦患歈未差今寄與藥一暴令溫酒頓服臺將問將何徃曰馬道長招我同徃衡山逡別去臺將還都番下具傳越言越婦服其藥即飛身仙去時戊戌秋也庚子魏改元和平、

辰溪縣滕村派在辰州百里居民文廣通以元嘉巳丑見野猪食其稼舉弩射中之流血而走循血蹤至

2105

天齊山、越數里、入一穴中行三百餘步、豁然明曉、有數百
家居止視所射猪巳歸村人圈中、一叟雪髯持枝出門云、
非射吾猪者乎文曰猪來犯僕翁曰奪蹊田之牛罪亦重
焉、文遂稽首謝過翁曰過而知改是無過矣此猪前因宜
有其報呼文至廳上見十數書生皆冠章甫服縫掖有博
士獨一榻面南談老子凶齋有羽衣烏幘十人相對彈一
絃琴五聲自韻翁呼童子酌酒設客文飲半酣四體怡然、
便覽不飢觀其墟陌人事不異外間徘徊欲留翁遣小兒
送出令堅閉門勿復令外人來也文辭行問見何爲答曰
彼西齋諸賢遊夏焦竑來此廳上書生輩奉上帝命先後

李縣講易經獨坐談老子者河上公也僕乃漢末山陽王

輔嗣也至此請問端義初撰掃門於茲十紀始蒙召進受

易得預門人之列令守門候客文問南北氣運王曰北

方一而長南方五而短問當令人物王曰魏之高兒頻直

所向皆祥爲世之直神故官禄而壽壽九十八其後子孫

昌大宋之顏顗之守兮命翰定蔡興宗端恭亦一時正人也

送至洞口慇懃復言後期文出見弩巳朽斷初謂少頃巳

諭十二年家中成喪訖久聞其歸舉村驚疑明日與村人

尋至穴口見巨石塞住燒鑿不可爲攻爲宋主奢欲無度

惟憚興宗方嚴不敢戲媟宣城守范蔚宗負罪坐誅家有

云路太后　不媿家傳　习宋主業　景和　△徐文伯　寿寂之　宋明帝　太始　魏顯弘　△馮太后　天安　魏公与　卄蕭道成

十二喪交知無敢近寧國釋曇遷雅與范善乃悉力營葬　義僧

宋主義之、路太后有疾眾醫不識有薦錢唐徐道慶予文

伯既精世業高邁倜儻應命入宮診視出曰此石搏小腸

也乃為水劑消石湯進服即愈除鄱陽王常侍賜以千金

大明八年宋主殂在位十一年、明年改元景和、子業立

近侍壽寂之弑之立湘東王彧、文帝第十一子為太始

魏主濬殂子弘立時年十二、馮太后稱制、元兩午建

淮西皇典改宋遺典蕭道成鎮淮陰、字紹伯、何元天安

人與曇葬一株及覺遂生肖有赤瘲如日月狀太始七年

徵入為侍中魏顯祖好黃老浮屠之說毎引朝士及沙門

宗明帝建元兩午安得淮北

三毌夢此石道

性狂暴、是歲

十四世孫

二七○八

共談玄理雅薄富貴傳位子宏、孝文建元延興、生五歲為高祖...妹畫婦好

佛道作湘宮寺成儉極壯麗帝曰是我大功德侍郎虞願

曰此皆百姓賣兒貼婦錢所為佛若有知當慈悲愍罪〔執直〇可欲〕

高浮圖何功德之有。元壬改帝得疾沈重而殂三十四、在位七年、歲

子昱立、〔癸丑改元元徽〕為廢帝、年十歲、魏以孔乘為崇聖大夫、曾國人、孔子二十八

世孫甲寅宋以道成為中領軍與袁粲褚淵劉秉更入決事

號四貴明帝時有宮人患腰痛牽心每動輒氣絕眾醫以

為肉癥投藥無效召文伯視曰此髮癥以油飲之即吐得

物如線稍引之長二三尺頭已成蛇能動掛門上血滴盡

乃一髮也宋主亦善診逢一娠婦診之曰腹是女召文伯

五

文伯大過、故不得仙。

診曰有兩子一男一女男左邊青黑形小於女帝欲剖視。徐惻然曰請鍼之立下瀉足太陰補手陽明兩見相續出。果然帝素忌道成遂道成憂懼密與褚淵袁粲謀廢立粲與色不從道成遂弒昱立安成王準〔爲順帝丁巳改元昇明魏改元太和元〕劉秉謀誅道成淵以告道成遂攻粲長子最以身衛父俱死少子勉乳母抱投所厚門生狄令慶狄出首來捕乳母呼天曰鬼神有知將滅汝門與勉同死於難勉常騎一氊犬爲戲忽奔入狄家遇令慶咬斷其喉復入內室盡殺其妻子時人稱快亦死子荊州刺史沈攸之移檄討道成死之山陰孔靈產孔子二十世孫。太始中罷晉安太守隱迹禹井

魏
太和
〔昇〕
袁勉
乳令慶
乳母
猷犬
沈攸之
孔靈產

山頗解星文攷之兵起道成往問聖産曰以天時冥數觀
無能為也果驗遷為光祿大夫以籠盛上重臺令其占候
曰時巳至道成贈白羽扇素隱几其子珪亦多令名戊午

孔珪

江淹

歲進道成太傅假黃鉞泰軍江淹初於孤山夢神人授五
色筆一隻授錦一匹由是文藻不索而得及還兵石城東
夜宿見一丈夫自稱郭景純曰有筆在公處淹探懷還遺
之爾後絕無佳句為宣城守罷歸泊禪靈寺渚夢叟謂曰

張景陽

吾張景陽前有匹錦相寄可見還淹探懷得數尺張憲曰
那得割截都盡傾見丘遲曰即以遺君自此遲才進淹文

丘遲

宋順帝準禪位成

頗矣巳未春道成為齊王未幾相禪即位廢宋主尋弑之

六

2111

斛道

八代師

齊高帝

齊武帝

永明

髙太后

九代師

張桮

宋共八主、改元建元、儉倫寡欲、每日使我治天下十年、黃

合六十年。

金帛與土同價、王戊四月病、舉臣請禱褚淵極言鄱陽張

氏靈異回火辟穀日行數百里後入青城山不知所終子

道超字削丰安俊美德量天成應召禱甕問其道師曰寬而

不刻則得衆得福刻則無後無壽齊主沸然淵贈以金

帛不受辭去謂弟子曰君臣得國甚憐當相繼祀矣是歲

十月熒惑逆行入太微有司請攘髙太后遺内宮賚信香

果殂壽五十四葬泰安子賾立世祖武帝癸亥淵病死冬

往龍虎山祈榡師迥已解化去十年九異香彌月馥郁子符

字德端肅明達經籙尤顯於時謂使日不在北陸務防宗

姓歸報上下網知所以初釋迦知赤松選曇華尊者於藩氏、遂命曇陽尊者往南、以踐前言托生於蘭陵蕭家、祖道賜仕宋為南臺治書、父順之齊帝族弟、封臨湘侯、居秣陵、仁慈長厚、妻張氏有娠行於庭、見菖蒲生花採吞之、生一子掌有武字、乳名練兒、字叔達、好籌畧、娶郗氏、衍與范雲蕭琛任昉王融謝朓沈約陸倕為竟陵王子良賓客〔原神〕、號八友、武帝不豫、子良啟進沙門於殿戶前誦經、帝感夢見雲曇鉢花降案上、病遂瘳、沈約少患內熱而瘦、書齋夜兩見一株支廢中掉天絲約、揖入以絲織衣衣約、疾漸愈、王申三月諸王侍讀、陶弘景脫朝服掛神武門、上表辭祿、弘

三江氂
三諸炫
三劉俊
三劉俊

景字通明丹陽人吳荊州牧璿七世孫母初娠夢青龍出懷并二天人降手執香爐母覺語左右曰孕當男子是非凡人但多恐無後。

及生而標異聰識博達四五歲恒以荻為筆畫灰中學書十歲讀葛洪神仙傳便薔薏養生每言仰觀青雲白日不覺為遠有乘霞馭龍之志。長七尺七寸神儀明秀朗目陳眉長額聳耳各七十餘毛出外寸許右膝數十黑子作七星文讀書萬餘卷一事不知以為深恥善琴棊工草隸精騎射年十七與江氂褚炫劉俊為昇明四友仕齊為奉朝請歷傳諸王雖在朱門閉影不交外物唯以披閱為務朝儀故事多所取焉年二十餘稍服食就與世觀主孫

遊岳學道遊岳曰昔逢修靜今見陶生弘景容稟經法精
行道要殆通幽洞微乃拜表解職詔優異賜與隆厚敕
所在月給茯苓五斤白蜜二斤以供服餌之需公卿祖之
於征虜亭供帳甚盛止於句容茅山之積金峰下句曲洞東
北通岱宗西通峨眉南通羅浮周
迴一百五十里各金陵華陽之天自稱華陽隱居尋訪大
藥每經澗谷必坐臥吟詠含施諸藥遠近從遊甚眾義興
蔣頁與一陵薛彪之為俗外交有志棲託亦結宇中茅日
就弘景論經典藥術明年朝議欲迎徙蔣山進帝號懇辭
得止然勅命飽賚恒爲繁極潛光隱耀内修秘密深沉所
諧遠屬靈人感而遂通矣癸酉十一年武帝殂年四十五西昌

華陽隱居

◎脈頁

◎薛彪之

二第九節

八

2115

蕭鸞　主業昭
隆昌　昭
引齊主　文昭
延興
齊明帝　蕭鸞
建武
三王晏
回院孝緒
户鄱陽　鏘汪
三阮妃

侯鸞高帝立太孫昭業、甲戌改鸞殺昭業進廢鬱立新安

王昭文延興、改元鸞假太后令自立高宗明帝惡尚書令王晏

威名收誅之晏有外弟阮孝緒宗士宗性至孝高潔不附

權貴母疾甚醫言須生人葠庶療此疾舊傳陰長生北來

鹿如導引者隨至一處得數十葨歸煎以奉母服之即愈
　　　　　　　　　　　　　　　　高品。

移種於鍾山孝緒遂入山偏僻幽險不得慟哭拜禱忽一

孝緒常屏居一室洮定省未嘗出户太中丞任昉望而歎

曰其室雖通其人則遠初鄱陽王鏘慕其賢命駕造訪妃

即其孝緒鑒垣而遁見王晏專恣嘗食醬美問知得於宴

察眂而覆之聞謝脁在當塗奉毋徙投後晏敗人為之懼

2116

◎ 藥王

◎ 顧歡

◎ 張邑

壽緒日親而不黨何懼之有眺與從弟靈運惠連稱三謝。

築室青山下、常着屐登遊司空張邑（節音）亦隱於長沙温泉

山修道全家持三百大戒齋供僧道葛稚川假以遍身搔

瘁素酒爲浴浴訖身如凝脂舉臂飛去邑令家人盡汲飲

之輕健異常復遊浮丘山訪公煉丹處遇一道者自稱藥

王授以丹訣還煉丹成有鸞鶴下迎閤宅仙去、嘗於山南浴丹

嘗降鹽官顧歡家講道歡怡字景七歲時父使田間驅雀作

黃雀賦而歸雀食稻過半父欲撻之見賦乃止家貧無書

每於舍後聽人誦讀悉記無遺忘與張邑弘景往來以無

為宗。事黃老道解陰陽術講道德置易經明理身之道

以除人邪病齊主辟之不起賜塵尾素琴後自刻日擇時

而化冷葬麗劇山未幾有見其東裝北行云將觀光上國　改諡宣尼

也時北魏制禮作樂修堯舜禹周公孔子之祀曰丈聖尼　劉

聖王不作禮樂壞夷狄有君祭妃與、

馬榮韓越的係論仙若張定者亦必有所從來

極頂聰明仙家尚嫌魯鈍齊天山講易點出輔嗣牸焉

世之自員者一唱、

齊梁應運之主俱自西來、而不免殺奪豈積習相沿而

然耶於此不能無慨

負白素與梁主為友覘其異志乃先事而去知機其神

張岊之仙不如孝緒之孝、蓋岊之仙蹟冥冥而阮之孝

行昭昭也

新刻六真注舜儀評訂神仙鑑二集卷之十三

林屋石樓秘本

江夏明陽宣史徐衞述
汝南清虛覺姑李理贊

○○○寶誌 公建康混迹 ○○○張果老 六合聯婚

癸酉遷都洛陽聞平陽開朗、雲長七世智習易春秋屢徵不
出常馳驛諮之所對皆切時務乙亥・魏主如魯親祀孔子
拜孔氏二人顏氏二人官仍選語孔宗子一人封崇聖侯、
奉祀命修墓建碑銘禁國人汎俗語及胡服丙子改姓元、
氏鄴中有軍士女年十四患妖病累年治者數十人因無
證據並辭去遍訪求治不得聞魏城元兆字一大能以九天

◎四天神　法禁絕妖怪遂引女來謁兆視曰此是佛寺中壁畫四天

◉東方神　神部落中魁也其父曰茉前於雲門黃花寺中東壁畫東

方神以乞恩攜女至其下因夜驚靨夢惡鬼來持臂而笑

遂得疾兆大笑似與空中人語在右聞有應對音良久兆

◎春方　向庭嗔責云函持來空中云春方大神傳語元大行惡神

吾自當罪戮兆怒曰汝以我誠達春方必速鏾致空中復

⊗三雙牙　語曰召三雙牙八赤眉徃咸聞有風雨聲乃至兆令現形

⊗八赤眉　見三神皆丈餘各有雙牙長三尺露脣外衣青赤衣又八

神衣赤眼眉並殷色共扼其神直逼軒下蓬首赤目大鼻

方口紅崗手甲如鳥兩足有長毛衣若豹韓兆令前曰汝

畫影耳、奈何有此妖形。應曰、畫以像真、真即有神氣精靈

有憑可通感。幻化、臣寔有罪兆怒、命侍童取罐瓶受水淋

之盡而色不衰、兆更命煎湯以淋須、更神兵賜衣囊李擲

空野其女即愈。父戴歸鄴、復於黃花寺即以清凉水之洗

僧雲敬云、前月中忽畫晦、有惡風主雲、聲動雷蓮、邊寺良

久、聞有云勢力不如元大行、速去、風瑛自少至老、此像悕

滂未幾、元兆謂眾曰、吾徒冠道士在豫齊、候吾會吳真君

將同遊南齊、遂不知所往。戊寅齊主攺元永泰、遂病殂、在

位五年、四子寶卷立、元永是年魏主殂、子恪立、庚辰攺元

十歲、子寶卷立、是年魏主殂、子恪立、庚辰攺元

明、佟戚用事、魏政凌衰、齊主事嬉遊、華靡、數誅朝士、時蕭

衍鎮襄陽聞殺其親兄尚書令懿辛巳春起兵立南康王

寶融於江陵、和帝改元中興、衍假黃鉞殺寶卷、追廢東

爵為梁王使人勸禪位衍遂稱帝武帝、梁高祖建元天監廢寶

融尋弒之二十三年、合梁主初御極桂陽奏正階山有九鳳

集天柱峯和鳴命其地曰始興因念符讖之驗遣使徵陶

弘景初隱茅山得楊許二君真傳墨嚴告靜願與物絕架

三層樓棲止身居其上唯一小豎得至其所傳度而已弟

于居中接賓於下山有喜客泉客至則泉湧復深隱於固

安福全山北齊高宗詣問曰山中何所有弘景答以詩曰

山中何所有嶺上多白雲只可自怡悅不堪持贈君〇

2122

術的雲嶺、
臨君丹室、
醫術本草、
方圓産物、
山川地理
風角星算
陰陽五行
拔先生明
論語集註
丁卷孝經
所著學苑
古今州郡
後百一方
劫驗方胎
赤代年曆
求書集註

常遊天門山，鄞縣南，桃花坑，山色紅白相映，虎
蹲山，吃立海口，特愛松風庭院皆植松，每聞其響欣然為
樂，有時獨遊泉石或命童子吹笙於側本便馬善射晚皆
不為顧惜光景老而彌篤深慕張良之為人率性清虛其
所通者皆得於心，非傍識所能及，尤好著述尚奇異長於
詮正謬偽文不空發成即為體造渾天儀轉之與天相會，一
以占星度其撰真誥隱訣註老子等書二百餘卷著太清
經一名劍經言光學道術者皆源有好劍隨身又曰于將
莫邪皆銅鑄非鐵也在齊深藏白晦及梁革命議圍國號未
定乃援引圖讖諸記定梁應運之符進之又擇交撣日靈

要及玉匣
記七曜新
舊術疏占
式合丹法
候合秘密
不傳及撰
而未說又
十部惟弟
子得之、

山中相宰

阿修羅

昆伽那

驗昭著勅使入山宣旨酬謝帝旱與之遊及是恩禮甚篤

每得其書焚香虔受屢以手敕招迓弘景惟畫二牛一散

放於水草間一著金籠頭有人執繩以策驅之帝曰此人

欲效曳尾龜豈可致耶國家每有大事必先諮決時謂山

中宰相及得神符秘訣以為神丹可成而苦無藥物給

黃金朱砂曾青雄黃等物乃合飛丹色如霜雪服之體輕

帝服亦驗恩禮益敦釋迦座下阿修羅昆伽那初見曇花

菖陽應運出世亦啟請行化東南如來命其分投南北行

教眾生二尊者作禮辭別阿修羅化形濟度昆伽那不願

投胎乃現身為小兒棲於東陽鎮之古木鷹巢中有朱氏

姆幼未適人、一生獨處、拾薪樹下、聞鳥巢兒啼、收育之、時

宋元嘉元年七歲、即出家於鍾山道林寺、號寶誌、長修禪

業、太始初忽如僻異處無定時、或一身三處宿、髮長數寸、

常曉行街巷、執一錫杖、杖頭掛剪刀及鏡、或掛一兩匹帛、

建元中稍見異跡、數日不食、亦無飢容、吟詞若讖記與人

言、始苦難曉、後皆應驗、士庶皆敬事之、齊武帝謂其惑眾

收付建康獄中、既且人見其入市、及檢獄誌仍在焉、忽謂

獄吏曰、門外有兩輿食來、金鉢盛飯、汝可取之、既而太子

文惠、竟陵王即送食餉誌、建康令呂文顯以事上聞、帝

宮文顯即迎入居之、後宮偶於華林園召誌、忽覆三重布帽以進、

太諡·文惠·

四

俄而帝崩太子及豫章王繼殂永明中常住東宮後堂平

明從外入忽云門上血污衣褰衣走過及鬱林見害車載

過此頸血流於門限人始憶其言至是梁主下詔曰誌公

跡均塵垢神遊冥漠豈得以俗士凡情空相拘制自今隨

意遊行勿得復禁亦嘗出入禁中時帝生子綱使問誌誌

合掌云皇子誕育甚幸然竟家亦生矣後推尋年數與侯

東昏侯
後身、癸未范雲卒初患傷寒邀徐文伯診視謂曰可速

愈乎曰元氣不足恐二年後不復起雲曰朝聞夕死況二

年乎帝代禪徐以燕法取汗而愈佐命功進位僕射果遂卒

文伯從弟嗣伯字叔紹秋夫仲有孝行仕為正員郎丹陽

何點
吉翂
王志

丑王志粊馮翊吉翂純孝年十五乞代父命帝欲爵翂固

辭處士何點字子皙見世代變遷人情反復愈裁破仕路

或駕柴車或蹋草屨隨意所過必醉而歸人謂之通隱帝

賜鹿皮巾召入華林園拜常侍持帝鬢曰乃欲臣老子耶 <small>大類嚴光</small>。

遂辭去西入宅渠漫遊士人云有洞曰角竹樵牧每見多

羊自洞而出此之復回因名羊山點遂結廬以居山中人

皆來請教點與之講學一日有二羊跪而聽講眾驅之不

去點乃跨一頭任其所之逕走入洞見數人列坐茗戰楫

八奉茶聽所談皆玄妙良久示羊送出點知不能留起問

道者從來一人曰向在綏山大蓬偶來憩此知君清品得

魏歆
正始△
十章嶽
林杜山
魏歆
魏平延昌
李紫崇
一章恕
十李崇
二姊媼
㊁張茈

飲蒙山新茶嫌乏仙骨耳謝出復乘羊至洞口羊忽化、

小木橃自服此茶口吻常香身輕瘦如鶴享壽九十二、

點弟胤字子序世稱點爲慕會稽之勝棄家而往詔賜白

衣尚書祿命山陰庫錢月給五萬圓辭更召其從弟敬容

爲中書令甲申大舉伐魏改元獷盡引還以韋敞鎭合

肥魏諺謂韋虎荊州刺史杜山有咸武魏軍憚之號杜彪

戊子魏改梁帝心厭兵革求成於魏魏主親護佛書作永

明閣居寺　壬辰改元延昌氏李崇守壽春時號卧虎比梁之韋虎

揚州曹掾韋恕虐之族弟秩滿居六合有長女旣笄召媒媼介

訪佳壻隣有灌園張老傭爛於門圃延入偁酒飲謂曰閭

韋氏女將適人某誠衰邁有業亦可衣食幸爲求之事成

厚謝媼訕笑而去他日又邀媼曰何不自度豈有衣冠子

女肯嫁耶叟耶彊爲一言不從亦命也媼不得已冒

責入言韋大怒曰媼輕我貧乃如是媼曰爲叟所迫故連

其意韋曰爲我報之北魏有太平眞君鎸皆精銅所鑄値甚貴今日

內得五百緡爲聘則可媼出以告張曰諾未幾車載納於

門諸韋驚曰度其必無而戲言不輟蹤而錢垂奈何使人

潛窺其女亦不恨遂許爲張老旣娶韋氏圍業不廢負穢

——仙媒

鑺地鬻蔬不輟其妻躬執爨耀了無怍色親戚惡之責怒

曰旣棄之何不令遠去怒置酒召女及張酒酣微露其意

張起曰所以不即去者恐有留念今既相厭去亦不難王
壁山下有小莊明旦且歸耳天將曙來別恕曰他日
而去數年絕無消息恕念其女令長男義方訪之到天
冷大兄往天壇山南相訪遂令妻騎驢載笠張策杖相
南過一崑崙奴駕黃牛耕田問曰此間有張家莊否崑
崙奴捨耒曰大郎子何久不家莊去甚近實前引與俱東
上一山有水比十餘處景色不與世同下山水北朱戶甲
第聞香差花果樂烟雲鮮明鸞鶴孔雀迴翔其間崑
崙指曰此豪莊此韋驚駭不側及門有綵衣吏引入廳鋪
陳華麗岸幘袍與晉寗甌編崖谷門佩聲漸近二青衣出曰

2130

阿郎來次見十數青衣容色絕代相對若有所引俄見一
猶得以圓矣目之手、
人戴遠游冠衣朱綃曳朱履徐徐而出一童導章前拜儀
狀偉然細視乃張老言曰世人勞苦若在火中無斯須泰
時兄久客寄何以自娛賢妹暑梳頭即當奉見揖令坐未
幾一小鬟來曰娘子梳畢請入見至內堂沈香為梁玳瑁
帖門碧玉窗珍珠箔砌皆冷滑碧色不辨何物見妹服
仙態
餙之盛世所未有器敘寒暄問尊長而已意甚鹵莽有頃
進饌精美芳潔食訖館章於內廳向曉張老出曰今日有
道侶訂遊蓬萊賢妹亦當去然未暮即歸俄而五雲起於
庭鸞鳳飛翔絲竹並作夫婦各乘一鳳餘從乘鶴者數人、

小說傳奇□□卷十三第一□

漸上空中東去、隱隱猶聞樂音．義方惠於莊、奉侍者甚謹、

迨暮稍聞樂聲、儵忽下於庭．張老曰獨居大寂寞異但此非

俗人得遊以兄宿命合應然亦不可久居．明日當奉別詰

朝妹出別兄殷勤傳語父母．張老曰人世遐遠不及作書

奉金二十鎰并與一蕉帽曰若無錢可於揚州北邸賣藥

王老家取一十萬持此為信．遂令崑崙送出郤到天壇掃

別義方荷金歸櫃驚詫不知所謂．後恕求補官不得金盡欲

取錢復疑其安既而困極曰不得錢亦何傷乃往王老方
_{愚甚}

當肆陳藥韋前曰張老令取錢一十萬緡有帽作信．王老

朱及語有小女出青布幃中曰張老當過令縫帽時無皂

2132

纏以紅線纏之、取嘗果是恕得錢而歸、後復思恕女遣義方

又、想、錢耶、

往天壇訪之不復有路時逢樵人無有知張莊往尋王老

亦不在矣後義方偶遊吳郡皐橋西見崑崙奴前曰娘子

仙家大有

雖不得歸如日侍左右家事巨細知之因出懷中金十斤

親、情、

以奉曰令送大郎君阿郎與王老會飲於酒家且坐當八

報義方坐酒旗下日暮不見出入視飲者滿座並無二老

及崑崙始歎信為真仙時梁主好道重釋置大小道士以

經奧因屢為國人講說建安王偉於座問曰道家經教科

禁甚重老子二篇盟誓乃授豈先聖之旨非凡所說耶翼

◎孟景翼
迎王偉

平昌孟景翼字道為大正孟言嘗於中條從果老師受諸

八

雲笈七籤全圖卷十三第一節

2133

曰崇秘嚴科正宗妙化理在相成事非乖越俦乃信從有

白鶴道人法術高妙梁主為剗道院給田以奉與景翼並

重漸江靈隱寺於中秋月朗夜降下靈寶狀如珠璣璀璨

奪目進於郡帝示羣臣莫識白鶴曰此月中桂子也天下

有有道之君則落時魏世祖好佛遠近承風州郡有萬三

千寺以析祐延昌四年魏主病殂六年在位十子詔立肅宗孝明帝

年改元熙平胡太后稱制作永寧寺為九層浮屠高百丈僧舍

千間珠玉錦繡人心目自佛法入中國塔廟之盛未之

有也梁郡中建昇元閣於乇棺基址高二百四十尺拜寶

誌為國師帝問曰弟子煩惑何以治之師曰十二識者以

十二因緣治感藥也、一日對帝食鱠帝曰弟子不食此

魚十餘年師何為爾師乃吐出小魚鱗尾依然殘魚是其

近舒州潛山景色奇絕而山麓尤勝誌公與白鶴道人俱

欲之白於帝帝以皆其靈通命各以物識其地得者居之

道人之鶴先飛去將處於麓忽聞空中錫聲鶴驚止他處、

而錫遂卓於平麓二人乃以所記而築室焉、先是郗后病

帝祠鍾山蔣帝神上忽有雲如纖后轉劇帝謂禱而不應

命焚其廟使至中途忽風雨大作振動宮殿帝懼杞之乃

止后崩數月後帝猶追悼一夕聞外騶卒聲一大蟒盤旋

上殿昂頭呀口向帝帝驚避謂蛇曰寢殿嚴密非爾所宜

九

2135

必其妖孽欲祟朕耶蛇爲人語故曰蟒即鄒氏也以生存

媄嬉六宮嬪御火熾矢射損物害人不敬三寶死以是罪〇皇后尚弟八當徙省

變形爲蟒無食可實口無窟可庇身飢露窘迫力不自勝

又辮甲有蟲嚙齧肌膚痛苦之劇若加錐刀感帝眷戀之

厚故醜陋陳醜形斯作大功德速以拯救脫悔已遲矣

鑒鑒梁皇懺何以至今行也況照明所分之金剛經尤爲

則誌公故梁主奉佛之心深矣若以臺城之死致疑於佛

大行其如許坤通確是豫章嬪派然此怪亦甚奇

韋氏必有鳳因所以張老居此相待觀其嫁圍叟而不

恨若有默契寧是人間女子惜乎義方之不能求庹皆

華嚴所覺之蛇若僧所投寶誌所度之蟒皇后所化皆

有根器者由一念之毒卽墮惡道非佛力還原無日可

深擢哉世以曇標法秀爲口實則迂矣

○○華嚴師洛下開堂　○○達磨祖嵩山面壁

帝嗚咽感痛而蟒已不見明日以告誌公問作何功德可

以贖罪師對曰非佛力不能度帝乃搜索佛經錄其名號○

親抒瘀思灑宸翰撰悔罪文共成十卷皆纂集佛語削去

閑辭大集沙門爲禮誦懺悔一日聞異香馥郁良久轉美

仰見一天人容儀裶麗立空中曰妾即蟒之後身蒙帝德

已得生忉利天矣殷勤致謝而去後世以此經薦七此來

沙門曰玄暢金城入少爲胡人所獲其帥曰目光外射非

尼童也釋之乃往凉州出家洞曉經律深入禪要曰記吉

兇多驗因見寶誌曰吾鄉人也盍歸乎來來幾暢遂先卒

一

㊂鹿娘
㊁樵者
㊀梵僧

甲午冬諡公忿告僧衆令移寺口金剛置於外、謂人曰菩

薩將去矣、未及旬日端坐而化、舉體香軟、在世九（功行已完）帝以錢

二十萬易定林寺前岡獨龍阜以葬永定公主以湯沐之

賞造浮圖七級於其上帝命陸倕製銘賜玻瓈珠以餙塔△

衣復修道場於浮槎山、在合州東、相傳自海士浮來有豈

泉極初汪陰甄山側樵者晃鹿生一女色美而鹿蹄收卷

之及長有善心願出家為尼樵令蓄髮為女道士號鹿娘

至是卒年十六、仍葬甄山帝聞之改甄曰真乙未秋淮水暴

漲漂萬餘人入海帝涕數日丁酉詔文錦不得為仙人鳥

獸形為裁剪有玷仁恕宗廟用牲牢有累真道以麵代為

犧牲朝野譁然時臺司奏少微星現於長沙分野主有異

人屈居勅採訪之周時羊角哀左伯桃死歸於天上帝闕

其篤於友道當證仙班令復來塵世煅鍊羊為鄧郁之左

為徐靈期仍結鷗鷺盟相與遍投明師一旦遇至人校金

鼎火符之道遂謀修鍊所講貨財止充一人之用鄧慈讓

徐徐得以成道上昇鄧抱道之財報難未遂惟志不移感

動星象監軍來訪得郁之即間所以曰貧道修金液而缺

丹費帝乃賜金帛于女於南嶽還飢勝之地立上中下

三宮以修內外二丹二年徐時天監末年十二月三十日

就石壇昇天詔立鄧徐二像於壇歲時祀之（通鑑於戊戌

除外明歲永泰時也也

梁（歷通）

常處尊經圖卷下三第十節

改元神龜乙又改孝昌隱士趙逸者晉武時人多記舊事神龜初至

洛陽崇義里有杜子休宅地形顯敞門臨御路逸歎息曰

曰此曰故處子休掘之竹根倒有井有石銘云晉太康六

王濬平吳後建太康寺金前三月□□圓用埤為之指後園

年歲次乙巳九月甲戌朔八日辛巳儀同三司襄陽侯至

濬敬造為服逸言□□遂撥宅為靈應寺所得之磚

逹暉圖三層好事者問晉京師何如今日逸曰民少於今

王侯第宅與今相似永嘉來二百餘年建國者十有六君

吾皆遊其都鄙目歷其事城後觀其史書皆非寶錄莫不

推過於人引善自尚將生雖好勇嗜酒其治典無大茴暴

2140

符堅賊君取位妄書生惡史官皆此類也。世人貴遠賤近

生愚死智感巳甚矣。或愍其詳逸曰生時中庸之人其碑

文墓誌△莫不窮天地之大德生民之能事爲君堯舜連衡、

爲臣伊周等跡所謂生爲盜跖死爲夷齊妄言傷正華詞

損實也當時作文之士慚逸此言步兵校尉李登問曰太

尉府前搏浮圖形製甚古未知何年所造逸曰義熙十二

年劉裕伐姚泓軍人所作驗之果然汝南王悅聞之因問

何所服餌以致延年吾不閑養生自然長壽郭璞嘗

爲吾筮云壽年五百歲今始餘半王綽其步挽車一乘遊

於市里所經多說往事一日謂人曰有僧自南而北我當

寶公

◉ 一趙法和

◍ 與華嚴尚和

◉ 夏臘

◎ 沙彌

自北而南矣遂遁去誌公入魏尋友改名寶公混迹市屠、

發言似識事過始聽胡太后召問以世事寶公把藥與藥、

否寶曰大竹箭者甚挾東廟屋者荷處也後為兩朱洛陽趙法和請占早晚得愈蕉

竹箭者甚挾東前阿修羅入魏化老僧投洛都天宮寺茶

廟屋者荷處也急作手月餘法和父六

言法號常誦華嚴經眾遂稱華嚴和尚聚弟子三百餘請時

祖志在譯寰亦以講經為事每與徒眾堂食嚴整瓶鉢又

會一沙彌瓶鉢未足詣之借用食畢將歸僧已催之再三

沙彌持鉢下堂不意磚破蹶倒碎之遂至僧所作禮承過

且千百拜僧大呼曰汝殺我也怒罵之甚病亟而卒爾後

和尚與弟子百餘方講華嚴經沙彌亦在忽聞山谷若風

雨聲和尚捫沙彌令立已後須更一大蛇直入漸至講堂

升階睥睨若有所求和尚以錫杖止之云住蛇俛首閉目

以杖扣其首曰既明所業當回向三寶令諸僧齊聲念佛

與受三歸五戒蛇宛轉而出時亡僧弟子已有登位者召

謂曰汝師修行累年合證果為借一鉢遂作此蛇適來欲

殺沙彌更若殺之當墮大地獄無出期也賴我與受禁戒

今當捨此身矣汝往尋之弟子受命出蛇所遇草木開靡

如車路行四五十里至深谷間蛇自以其首叩石而死矣

亦和尚宅

弟子歸白和尚曰今已受生在兵部郎中裴寬

作女年十八當亡即却為男然後出家修道其女生時甚

覿汝可救之弟子詣裴出見神色甚憂云妻欲產已六七

日燈燭相守危困甚矣僧令於房外淨設床席僧入焚香

擊磬呼和尚者三夫人安然產一女後果十八歲宰再二

十年一少年入寺求度和尚遂與披剃取名始覺召眾謂

曰此裴女再世之憂也後得證果和尚因趙法和奔喪

設薦始知寶公此來作別徒眾相與同西緩旨丙午清河

郡山賊葛榮稱齊帝廣安△丁未魏以爾朱榮為討虜大都

督其先辭胡部落立討滅葛榮命鎮代地高歡九四說淘

云裴女
◎始覺

十爾朱榮
三廣安乙
曰僑祚△崇剉
國爾朱川因氏

2144

舉兵內向、太后酖死魏主立臨洮王子創榮人洛沉太后

及釗於河立長樂王攸為敬宗攸、

顥為魏王遣陳慶之將兵送還、元永安北海王顥奔梁大通

顥克洛陽改又改

建慶之遇所建諸寺梵燒殆盡爾朱榮擊顥顥敗死慶之

泉還梁主詔諭曰卿功果奇然不可敵顥像佛必惡之

仍以鎮廣陵釋迦第二十八代弟子菩提多那尊者姓剎

利帝香至國王第三子出家修道傳佛心印後師敬若

羅尊者改號達磨法也言有演化本處六十餘年慶東無

曰念行化時至乃辭祖塔別本國與見王之姪王具太

實戴重寶率臣僚大眾送至海壖尊者汎重溟比三週

五

立
廟
印

傅翁

高峰妙

暑達於南海言欲到朝廷即建
時梁大通元年八年，

廣州刺史蕭昂表聞十月初大日迎至京帝問曰朕造寺
寫經不可勝紀有何功德師曰此是人天小果有漏之因
如影隨形雖有非實帝曰如何是真功德師曰淨智妙圓
體自空寂如是功德不以世來帝問如何是聖諦第一義
師曰廓然無聖帝曰對朕者誰師曰不識帝不領悟師知
機不契合乃此遇於九江使會昔渡州我為人幼通三教之
書自號善慧大士於晋通元年遇天竺僧嵩頭陀指示得
悟前因修道於松山下戴著雙襆木間令變林寺曰則備作夜
則行道物屬雲橫山峭壁百尺俯臨華溪勞寄如木峰木

2146

曇隱

⑧曇隱

⑥山龍

佛峰山多玄熊赤豹翁化之不復出皆稱為傅大士帝甚

重之、賜鐵槳鉼鉢水晶數珠七佛銅冠時在建康帝問若

何修持可免生死大士曰如向者胡僧可免帝命使追靖

至江濱見達磨折長蘆一枝擲於水面雙足登之如乘桴

飄然北去使回述帝深悔恨巳酉九月幸同泰寺内設

四部無遮大會釋御服持法衣行清淨大捨素衣尾器親

為四眾講涅盤經自謂捨身於寺為佛奴不欲還朝羣臣

以錢億萬代贖表三請還宮又遍杞山川嶽瀆之神胡僧

曇隱寫鐘山東立壇講經日有龐眉叟來聽曇問其姓曰

子山龍也向伏潭底歲旱時聞來聽法曇曰公能救旱乎

曰帝封江湖不得冒用曰覔水可乎曰可乃就吸去是炎

大雨皆黑色霧曰山中無水僧衆乏用奈何覔曰措之笑

難俄而一沼佛出嵩頭陀至山訝曰乃在於此衆怪問嵩

曰天甚有八功德水一清二冷三香四柔五甘六淨七不

餿八蠲疴此實第五池也未幾嵩疊皆去前天監中有四

人諸闕皆偉儀裝皓首自稱四公乎曰蜀闐付覔魏杰萬

戴端蜀仇脅掌帝興之命沈隱侯約作覆將與百僚共射

之時太史適獲一鼠約匣而緘之以獻帝先筮遇塞之噬

嗑占成羣臣受命獻卦者八人有命待成俱出帝占眞諸

青蒲申命闐公撲著對曰聖人占卦依象辨物何取異之

請從帝命卦時八月庚子巳時闔公舉帝卦撰占置於青

蒲而退讀帝占曰先塞後噬嗑是其時內艮外坎是其象

坎為盜其鼠也居塞之時勭而見噬其拘繫矣噬嗑六爻

四無咎一利艱貞非盜之事上九荷校滅耳凶是困盜獲

厌必死鼠也羣臣舞蹈呼萬歲帝自稱其中頗有喜色次

讀八臣占詞皆無中者未啟闔公占曰時日旺相必笑鼠

矣且陰陽晦而入文明從靜止而之震動失其性必就擒

矣金盛之月制之必金子為鼠艮與艮合體坎為盜又隱

伏為盜是必生鼠也金數於四其鼠必四離為文明日中

則是況陰類乎晉之繇曰死如棄如實其事也曰歛必死

既見生鼠百僚以帝少不中允闥辭有四今何雖十公曰

請刮帝性不好殺至日晏且死因刮果姓三子杰公嘗與

儒論及方域云東至扶桑體長七尺圍七寸色如金四

時不死五月八日嘔黃絲布於條枝而不爲繭脆如綖燒

桑木灰汁煮之堅靭四絲爲係足勝一鈞蠶卵如鶯䇲卵

産於桑下齋至句麗國籃篾小如中國蠶耳其王宮內有

水精城可方一里水曉而明如晝城忽不見其月便蝕諸

儒更請問西南北三方土俗杰曰西海中有島方二百里

上有太林皆寶樹中有萬餘家其人皆巧能造寶器曰拂

林國西北有抗益蚰深千餘尺以肉投之鳥銜寶出太者

重五斤彼云是色界天王之寶藏西北無慮萬里有女國

以蛇為夫不齧人而穴處女為臣妾官長而居宮室俗無

晉摯信咒詛曲者立死○神道設教人莫敢犯○南至火洲之

南炎崑山之上土人食蜥蝪螚蛇以辟熱毒洲中有火木

其皮可為布炎丘有火鼠其毛可為褐皆焚之不灼汚則

以火浣北至黑谷之北有山極峻四時積雪意燭龍所居

畫無日西有酒泉味如酒飲之醉人北有漆海毛羽粲之

皆黑西有乳海白滑如乳三海間方七百里水土肥沃大

鵰生駿馬大烏生人男死女活烏自衒其女飛行哺之衛

不勝則貢女能跬步則為豪酋所養皆殊色為人姬勝沬

三十輻死有兎大如馬毛潔白長六尺餘有貂大如狼純

黑長尺餘服之禦寒朝廷聞其言柎掌笑謔以爲鄒衍九

州王嘉拾遺之類耳司徒左長史王筠難之曰曹傳所載

女國東簧崖西狗國南羌夷之別種一女爲君無夫蛇之

理與公說不同何也公曰凡我所知女國有六蓋北海東

有女國天女下降爲其君國中有男女如他恒俗西南夷

板楯之西有女國悍而爲君以貴男爲夫甚恭置男爲妾

媵多者百人少者匹夫昆明東南絕徼外有國以猿爲夫

生男類父而入山谷晝伏夜遊生女則巢居而穴處南海

東南喿國唯以山鬼爲犬夫致飲食會禽獸以養之勃律山

酉之女國方百里山出台虺之水浴而有孕通國無夫并

蛇為大也未幾有扶桑國使貢方物內黃絲三百斤即其

籠所吐帝有金爐重五十斤係六絲以懸絲有餘力始信

公言又貢觀日玉大如鏡方圓尺餘明徹如琉璃映日以

觀見日中宮殿皎然分明帝冷杰公與使論其風俗物產、

并訪往昔存亡公識其祖父伯叔兄弟使者流涕拜伏間

歲南海商齎火浣布三端帝以雜布積之令以他事召杰

至市所公遙識曰火浣布也二是緝木皮所作一是續鼠

毛所作收詰商人具如所說至是忽謂帝曰欲送馬耳徐

道盛還玄都遂辭去沫時忻怡有梁姆寡居無子作逆旅

於平原亭客來投憩咸若還家客去未嘗論值或住經月

亦無厭怠猶衣粗食之外所得俱施貧寒一日有少年至

如此行詩可仙可佛

舉動異常謂姆曰我東海小童也奉玄都總島徐君命以

姆節儉公平迎去主家統攝島中諸子女徐君得以遨遊

八溟也梁姆問徐君何人少年曰秦時名市者也復有二

青衣年並十二三著黃衣絳頭騶牽一青羊車至請姆

上車遂慨然執綏端坐任其所之

坦易是大道攝調為黃婆

梁武前身本屬小草雖聞佛法未證最上故出世以來

寫經造寺俱著色相達磨以真空妙義當頭提喝彼亦

何能領悟乎

觀梁之四公所言勝讀興墜志

梁姆作逆旅濟人所得俱施貧寒其心境無我東海徐

君召以主家想五百兒女定歡喜供奉

至蒙陰蜂城西遇一年少道士羊車自住一童曰此吾徐

君第十四子為其懶於修煉諗來塵寰不日召囬島中梁

姆問何來道盛曰從焉耳山來聞車中何人姆曰我平原

客舍被召往玄都為吾謝四方諸信士女在太平世及早

修持危亂時覺遲矣俟予歸島可會舉手作別馳車騰逝

極目乃沒道盛往訪逆旅正姆度世之日其屍尚在元嶽

四年六月也道盛傳語諸人並皆稱歎仍歸馬耳煉成故

四公徒送還島帝問傳大士曰四人累仙乎曰雖修仙道

將隨聖體酒歸也疏誄之信植廣陵嶺司奏有神僧坐化

〇
海公翁

云自冀州來、不修細行、飲酒噉肉、與俗無異、或著履上山
徒行入市、荷一蘆圓（音盧）子、至瓜步江側就航人告渡、不肯
載、即以木杯浮水、眾足杯中、顧盼言詠自然流至此岸、俱
稱為杯渡和尚、遊吳郡路見釣翁因就乞魚、翁以一餧者
擲之、杯渡舉舁反覆投入水、悠然而逝、又遇綱師更從乞
魚、師罵不與、杯渡拾兩石子、擲於水栰、有兩水牛鬪入其
綱、綱既破牛、即不見杯渡、至廣陵遇村舍李家設入關齋
乃置圓於中庭、直入齋眾、以形陋不加敬、李翁見蘆圓
當道、欲移置牆邊、數人不能舉、中唯一敗衲渡食竟提而
笑曰、四天王、一暨窺其中、有四小兒並長數寸、面目端正

⊛雲光

⊛

後裳辮撻⌇者敕請在家眷待問天王何神、曰蜀魍魎

凡後偶由里睍不歸、念境聞異香報杯渡在此巖下赦歎

袈裟於地身被而救前後生蓮花辮香過人竟夕而華孛

賓之有此來人、見其負圖行向彭城笑乃敕視止存輕侮

帝益敬信聞身毒國有賢聖罹曇大悟禪理其教貴純熟。

人皆曰古佛號小釋迦帝遣使假道於魏間行至其國曇

曰中土自多道人何勞遠詢汝去吾自報兩國主色相也、

時有雲光法師講經長干里南天龍寺感天繽紛雨花帝

宣坐問之師曰如來臨講堂天女以天花散諸菩薩即皆

墮落至大弟子便着不墮女曰結習未盡故花着身帝拜

2157

萧朱隆世　萧朱兆　□魏玄宗　□建明　□魏節閔　晋泰　□魏主朗　□中興　十林時茂　□魏孝武　□永熙　十字文泰　東魏孝　□静善見　□天女

之為築雨花臺紀蹟師敕曰南北不久大亂仍當歸四邊也

化去時兩朱榮進制朝威魏主攸召榮入伏兵殺之其子

世隆與兆定事賜言長廣王曄為衣康明、兆襲執攸殺之、

世隆廢曄立廣陵王恭節閔帝元普泰攸殂建明以高歡掌兵歡攻東

陽王朗改元中興討兩朱氏擊破於鄴兆自殺歡號將林時茂

摘斷世隆入洛陽榮恭及朗立平陽王修元永熙為孝武改

為大丞相扳岳鎮關中遇害司馬宇文泰統其軍甲寅歡

歡舉兵反孝武西奔長安泰迎入歡立清河世子善見屬

帝歿遷都鄴泰為丞相酖孝武立南陽王寶炬改元大

統右魏十三年共百四十九年分東西魏東魏封歡渤海王林時茂因世子澄

遊獵擾民言於歡痛責之時茂辭職遁去為僧名太空號

淡然南進於換天平二年歡以定州刺史侯景伐梁陳慶

之擊之景走還恐見罪聞州市有僧名阿專師似狂而實

有異欲召之云已昇天阿專在定州凡會社齋供嫁娶喪

葬之席或少年放鷹走狗宴集之處未嘗不在其間鬪爭

喧鬧亦曲助期黨如此多年後正月上元夜觸一坐席惡

口聚罵欲打死之市徒救解將去其家兄弟明日捕覓見

騎坐一破墙上嘻笑曰汝等厭賤我我捨沒去捕者奮杖

欲擲阿專招杖擊墙口唱叱叱所騎之墙一堵忽上昇可

數十仞舉手謝鄉里曰往能熊耳隨師歸去也皆禮拜悔咎

須臾映雲而滅。前達磨至嵩山、冷坐九年、絶不語道。有僧

神光者博覽羣書善談玄理。聞師在少林寺躬往泰見、師

面壁無語。一夜大雪、光堅立不動、遲明積雪過膝。師櫚

而慰問、然終無誨言。光取利刀自斷左臂置於師前。師知

是法器、因與易名慧可。可問諸佛法印、師曰匪從人得、可

曰我心未寧乞師與安。師曰將心來與汝安。可曰覓心了

○慧可

不可得。師曰與汝安心竟。示以偈曰

吾本來兹土、傳法救迷津、一花開五葉、結果自然成。

○道副

師有入室弟子道副、尼總持、慧可、獨慧最見道。師欲

○尾總持

西還、以如來正法眼、說偈囑授慧可、

○道育

2160

宋雲

腹內運真經泥丸別主賓霹靂一聲響撼手脫紅塵
阿專也

說巳端居示寂諸徒為葬熊耳山起塔於定林寺後二年

東魏宋雲奉使西域回遇師於慈嶺手携隻復後隨一僧

雲問何往曰西天去翮翮而逝雲泫然別過及歸具奏時

遺履供養少林時梁帝酷信佛戒每日救宥法令廢池嘗

天平三年孝靜令啟壙裡中惟存革履一隻朝驚異詔以

大同子
大同
梁大統

幸甘露寺眺望顧北而歎曰北顧乙邸改元大同太子統

生五歲能長集博士百人建書堂於姑孰起文選樓於南

陵喜誦釋氏經文凡三藏所載悉會其旨分金剛經為三

十二分西遊章山閣皂囘忽無疾而殂帝悲慟葬於秀山

開元丁卯
宮信遺者
遍覆在五
童

口梁愛女明

牛衣兒

說的女

樂悲境

蘇子女兒先

〔禍樵

謚昭。明年帝遊豫章囘，近昭明祠，閣息，有愛女陪輦無故

卒，帝驚悼，命葬於祠西，令鑄金爲壙奧之合葬，後有牛衣兒何所間取義

下，見金鑾爛然飛出，因捨數，沈約女爲昭明太子妃，素好十納懷中，忽聞審聲覽失去，

道曾請教孟景異得太陰煉形術，然性悭不喜捨孟戒曰

不立功行而勤修道術恐千年後必有一劫，其後卒葬吳

興之弁山，至一千二百年爲樵子開採，攙取實玩復破棺之弁山見以爲怪又慮事泄乃斧破其腦物任取但勿傷我內一

攙樵以爲怪又慮事泄乃斧破其腦，帝立三子綱爲太子血凝爲石，官府究其事，攙樵悉處死

諸子以釋氏多婆子氣皆好畫網常集待臣親講老莊自

號玄圃先生何敬容謂人曰西晉祖尚玄虛幷東宮復爾。

江南亦將爲戎乎後以言得罪免深恥不及二兄之高終

2162

二周興嗣知卿敏才纂集次韻章句成文以便觀閱興嗣乃列為四言語含旨義一夕編就鬚髮皆白（與嗣字思纂、興嗣居姑孰、帝乃奇之賞賜）少宿通旅

二殷鐵石子學書隨筆書十字散亂無序帝謂散騎侍郎周興嗣曰

身辭居二寶乙丑改元中大同帝初命殷鐵石教習諸王

有相者謂曰子才學邁世當受知英主及進呈千字文罷

鴿益隆二年三月帝幸同泰寺自講三慧經是夜寺浮圖

火災帝曰此魔也宜廣為法事命起十二層浮圖（不肖）將成值

乃高歡使侯景全領河南諸郡以拒梁（癸亥改元武定、侯景亂）

止子澄立侯景叛附於梁封河南王丁邓梁太清戊辰澄使（改元武定、丁邓歡卒）

入梁求通好從之景遂反已巳攻陷臺城帝卧疾口苦索

東魏

一武定

梁

太清

蜜不得再、曰荷荷而殂、八十六歲在位四
群臣立綱宗簡　爲太

文景總百揆晉陵太守陰鏗堅悖刊嘗宴集賓僚以酒炙與

行觴者、衆皆笑、鏗曰吾儕竟日酣飲執爵不知其味豈人

情耶○及是鏗爲景衆所擒、有人救釋之、乃前與酒炙者也、

鏗遂棄家訪求仙跡、聞玉笥山是梅福修道處、徃遊遇東

陽太守蕭子雲、梁公子、亦避景亂來此、莒無明師後值下
宇景喬、

令歲來傳鏗丹法、修之得道、因賦神仙詩曰、

羅浮銀是嚴瀛洲、玉作堂朝遊雲暫起夕餌菊恒香耶、

持頹成燕戲以石爲羊洪厓與赤松乘羽就周王、

子雲善飛白書筆力勁駿遍歷玉簡三十三峰三十六㵎、
謝云令松
之其夜來
有遺生鯉
二頭別炊
姓李二人
乞命明日

復得陽翁伯種玉法種於崇仁縣界為丹服之得以昇舉

時侯跛、影畋、蓋暴甚信通公道人通公居處無常所語狂

明門外援青草荊棘栽於市里及景渡江先屠東門一城

謫飲酒食肉遊行民間揚州未陷之日多拾死魚頭積西

盡斃道羣首於西明外為京觀焉市井破落所在荒蕪通

公每言得失景惡之恐洩其陰謀又憚非常人不敢加害

私遣小將于子悅將四武士往侯駕曰若知勿加害不知

知何必殺則密檎四人立門外子悅入通脫衣燎火逆謂曰我是何

人汝敢報殺悅曰不敢馳報景親至拜謝後因宴召通通

取肉搜鹽以進問曰好否景曰大鹹通曰不鹹則爛死數

眼以鹽五
石道腹中、

第七

子。

天寶

宣改元

洋登

天寶

景使子鑒冠吳典太守張嶸一門死節始興

太守陳霸先、陳蒨後、

漢使使詣江陵受湘東王釋節制帝武

釋約東魏合進、是秋高澄為膳奴蘭京所殺、太原公

廢孝靜帝復弒之、十六年、是年梁建元大寶景

斬京、庚午春洋為丞相、齊郡王未幾禪位、為北齊文顯祖文

自稱漢王、宇文泰遣使立梁岳陽王詧為梁王、子昭明詧朝

於魏、辛未文帝殂子欽立為帝、梁邵陵王綸八了欲計

景往問陶弘景曰不吉、綸不聽奔武昌起兵敗走汝南弘

景於大同初獻二刀於上名善勝成勝素蓄為佳寶往往

飛出人望之如二青龍手詔答謝帝詣張天師道裕建玄

壇三百所皆弘景之資也。帝金樓子云子於士大夫重周

弘正隱士重陶弘景其於義理精博無窮、至是簡文帝想

望其羊彩睟南徐召弘景暮中進見於後堂與談數日而

去陶君初有下士桓闓遇字滿性沈謹奉役外無所營為辛

勤十餘年。一旦有二青童控一白鶴自空下集陶君欣然

臨軒接之童曰太上命求桓先生也陶君心計門人無姓

桓者訪之乃執役法闓耶問其棄修何道闓曰修默朝太

帝之道積九年矣將昇受恒濟眞今之職陶君即欲師之

桓固謙不覆請陶君曰某行教修道勤亦主矣得非有過

而淹延在世乎願為探之她旧相告桓君服天衣駕白鶴

昇天踰三日家降陶君之室曰師之陰功極著、但所修本

草多用萤虫水蛭爲傷物命。一紀後方解形辟世署蓬萊

都水監也。弘景遂復以草木之可代者著別行本州三卷

以贖其過。先有詩云。

臾甫任散誕平叔坐論空。豈悟昭陽殿。遂作單于宮。

時士大夫競醒空玄之理不習武事故云。然大寶三年三

月十二日作告逝詩而卒、時年八、顏色不變屈伸如常香

氣累目氤氳滿山子弟將殯之輕如無物越二日窆於雷

平山邵陵王爲作碑銘詔贈中散大夫謚貞白先生復教

舍人監護第子數百人唯王遠知陸逸沖能嗣其德先生

2168

常言心中恒如明鏡燭物遇形不覺滯礙遠知研究心鏡

所以謂曰鏡以照面智以照身鏡明則塵俗不染智明則

邪惡不生。先生初恐絕後仍娶妻小有子名籍海字文歷任

餘杭錢唐令有聲名詩類謝靈運貞白猶存　劉瑴稱曰貞白有女徒

錢妙真與妹妙意依居茅山日誦黃庭經及隱君仙去貞

先入山洞燕坐後至而門已扃跪扣三日始開得以雙

修不聞世亂扶風馬樞珝字要六歲能率身孝慈少屬亂離、

凡所居盜賊不入依託常數百家有雙白燕巢其庭樹馴

狎欄廡來去幾三十年大同中渡江來師弘景尤善佛老

周易義分派別與論者拱默聽受邵陵王將入援留書二

八

萬裘付櫃肆志尋覽隱於茅山是冬魏攻汝南殺綸侯景

過梁主禪於豫章王棟尋弒綱廢棟景自稱帝太始改元湘東

王遣王僧辯陳霸先等東伐景敗走吳下其都督羊鵾殺

之以鹽實其屍繹即位江陵世祖孝元以陸法和為郢州

范射弟子當師冠謙之傳有道術隱江陵百里洲初

刺史陳忠再世景叛南郡朱元英徃間時車法和日果熟時不撩自落

櫃越但待侯景熟無勞問也景遣任約冠江陵法和出詣

湘東乞征約召諸蠻弟子人百人在江津二日便躍登艦

大笑曰無量兵馬出無復一驗諸神皆従征故妝至赤
江陵多邪神人俗常所祈禱自軍

洲湖法和乘輕舟不介冑沿流而下去約軍一里謂將士

同樣後龍驟不動吾軍之龍甚自踴躍令欵之而風遊不
役乃魏甸羽翩以庵風即返吹。約來見梁兵步水上遠大、
讚竅法和曰明日午時當得約及期未得曰吾前於此洲
水乾時建一刹讓檀越等實是賊標今何不自標下求之
果見翁在水中抱刹柱頭貌出鼻遂擒之、元帝拜法和為
剌史見帝不釋臣其厭文印名上自稱居士既而忽瞷司
徒帝就拜之後大聚兵甲欲襲襄陽而入武關帝止之、法和
乃盡致其兵謂使曰求道之人尚不希釋梵天王豈窺
主位。但與主有香火因緣耳既被疑業定不可攻也復退
臨於洲帝任之惟懼

武陵王紀〔武帝第六子〕

來襲求援於魏宇

後梁中
宗答
天定

文泰伐蜀紀敗死甲戌泰慶主欽立其弟廓為恭帝復姓拓

跋尋弒欽泰開梁主尚玄虛不務國政遣于謹守文護楊

忠等伐梁釋仍開講老子於龍先殺百官成服以聽魏兵

入釋降被殺法和在洲中間召魏伐蜀即製凶服以候及

蜀梁俱滅遂著之受言圖也弔失後魏法開籠樹巳坐龕後

暴死發時屍漸小縮至三寸許矣後法和怨曰范師至此遂

答於江陵使自稱帝乙亥政死天定為後梁中宗宣帝蕭詧蕭巋承重

林時茂間頭及鑿若均淵通濟僧辯篡品達雲毫

六朝柄予粉耘非初粗留傳正法所謂三寶機盧辯王

蕭氏為仙佛宗枝每生異人如叔達于靈等業

貞白證果及在門人之後非道業之有通求歡恨此以

乐世之為師者不可遽忽乎弟子

2172

○元真聖神龍出世　○○○王屋山太乙猺逃

梁敬帝 方智 太平
周閔帝 毓
周明帝 毓
陳武帝
永定

霸先迎立方智故帝殂元紹是冬字文泰卒追為周太

元帝第九子為、霸先自為丞相、丙子歲□是

世子覺嗣為太師封周公護綱紀西

懟護弒魏主共三

內外以魏帝詔禪周丁丑覺稱天王剞覺庶兄為

是月梁霸先封

陳公遂稱帝改元永定△

陳高祖武帝廢梁主尋弒之五十五年大同

世宗明帝

時有謠曰烏山出天子江左山以烏名者皆令鑒之故郭

長城之雄山獨全而陳主出焉改丹陽曰蔣州陳主寫無

嗣且多疾戊寅乃捨身於大莊嚴寺舉臣亦三請迎歸已

陳文帝 蒨

世祖文帝　蒨蒨祖湟珆詔詔迎席訖好臻陞冠□數身山菌臨□崔

周山
武成
韋夐

○周武帝邑見

○武成帝真隱士○

若護者難為之君矣

文尚書不應命樞目睛洞黃能視聞中諸物化焂去是年

周始稱帝武成改元并州處士韋夐孝寬志尚夷簡魏周之際兄

十徵不屈泰不奪其志毓尤重之賜號逍遙公家宰邑見

毓勤政進毒弒之立毓弟邑改元保定复初見周主尚禮武帝卒已

歎曰弱主賢明多招強臣之姑果過害又聞齊城元氏

始盡曰齊柞不長矣初老君矯龍下謫欲磨其性投斸郡

農家麗氏為兒父母艱於度日令出家為沙彌師名之曰

○稠禪師

稠時輩甚衆每休暇常角力騰趯為戲稠以劣弱屢為

入殿閉戶抱金剛足誓曰我以羸弱為等類傷毎已吾故

○金剛

以力聞當祐我我捧汝足亡曰不與我力必死於此無還

愍約院畢因至心祈之初一兩又俱爾念益固至六日將

辮金剛現形手執大鉢滿中盛筋謂稠曰小子欲力乎曰

欲曰能食筋乎曰出家人斷肉神操鉢舉匕以筋視之稠

未敢食乃怖以金剛杵稠懼遂食斯須入口而盆神曰汝

已多力然善持數數勉旃神去且曉稠還所居諸詞列問曰

豎子頃何至稠不答須更於中堂會食畢眾又戲殿稠曰

吾力恐不堪於汝共引其臂筋骨強勁殆非谷也方驚疑

稠曰為汝試之入殿橫蹋壁行凡數百步又躍首至梁數

四乃引重千鈞先輕儇者俯伏流汗後證覽遂號稠禪師

居此處山攝精廬殿堂窮極土木諸僧從者數千齊主洋

怒其聚眾領驍勇萬騎躬自往詶稠領僧徒谷口迎候洋

問曰何遽來稠曰陛下將殺貧道恐山中血汚伽藍故至

此受戮洋降禮悔過命設饌施畢請曰開師於金剛處祈

得力欲見効少力可乎稠曰昔日者人力耳今為陛下見

神力先欲造寺諸方施木數千根即於谷口稠因呪之諸

木起空中自相搏擊摩若雷霆闘觸推折檳紛如雨從官

走散洋叩頭請止遂敕度人造寺無得禁止師後牙井州

瞥懂于未成構疾臨終歎曰生死人之大令如來尚所不

免但功德未成爲恨耳死後願爲大力長者繼成此功已

卯齊主洋俎子殷立歐元乾明□洋弟澳殺殷自立昭帝演

2176

北齊主　高湛　大寧

後梁　蕭巋

天保

突厥

北齊　河清

齊律光　平解律金　四彭樂

天保

突厥

姐弟湛立○世祖武成○壬午後梁主詧姐子巋立○爲安帝○改

元○癸未秋周太師護結連突厥侵齊○齊國丈斛律金破

之○甲申護又擊齊斛律光子長率上將彭樂等與戰○樂乘

醉深入被刺肝腑俱出○樂納腹中不盡○遂截去之○復入苦

戰○大敗周師○突厥北道樂還營下馬僵立而卒○敕封神勇

將軍○立廟祀之○齊主傳位子緯○爲元帝○又曰後主○改元天

統○丙戌周改元天和○陳

康○天

陳主姐子伯宗立○改元光大○

齊王緯

高宗宣帝○齊主湛姐初病○見空中

陳大建○改元大建○安成王頊廢之而自立○

天和　亭亭去地數尺○食頃成觀世音時○徐文伯孫之才仕於齊○

周

天嘉

陳　診曰色欲多大虛所致○虛湯方一劑覺稍遠○數服後悉平

陳梁周氷州

三

有五色物稍近變美婦

2177

年。

○陳廢帝　伯宗

光大

○陳宣帝　頊

大建

○徐之才

見欲用為宰執和士開欲依次轉進授克州刺史湛疾復

作星夜往召至巳殂矣之才術既神尤異症投之悉愈有

人患腳跟腫痛求療之才曰此名蛤精疾當由乘船入海、

垂腳水中而得曰貿魯如此為割之得二蛤子如榆莢有

以骨為刀靶五色斑爛之才曰此人瘤也云得於古塚髑

髏額骨其精鑑博識類此後為右僕射庚寅敗元武平後主以祖

斑為丞相逐辛卯周主從弟齊公憲衛公直請暴護前罪

執誅之建德癸巳周主納楊堅女為太子妃堅延弘農人

漢太尉生有異徵父忠從戎毋獨居撫養宅旁有尼寺尼

○齊公憲　震之後

○衛公直

○一老尼河南緱氏山人年八十餘皆稱為緱仙姑初入衡

2178

山居傍魏夫人仙壇積四十年忽一青鳥飛來言南嶽夫
人使也少姑修道精苦命我為伴眠則與談道義每有人
遊山烏必預言其姓名一日今夕有暴客至昏夜果有
羣僧持火梃又將來害姑欲索財物姑端坐在床羣僧遍
竟不得而出俱為猛虎所殺大同中復從湖南長沙烏亦
隨之後遊九嶷遇楚南公與語氣運知南北復當合一姑
遂訪神龍所在乃淨髮為尼至華陰縣元真里見紫炁籠
覆遂寓居尼寺堅方三歲在寺前學步老尼訝之謂其母
曰此兒來歷甚異他日必然大貴但不可在市俗掩其興
明小其心志我將去清淨處方妙母因往隣側詐之尼抱

周主識堅
而不思亦
奇，

張子信善
風角知齊
之將亡。

北齊
隆化△

北齊
主恆
承光△

北齊
主幼
主恆
承光△

周宣
宣政△

歸翰育年餘尼將他出付其母自抱忽見頭上隱隱生角

遍身長鱗母大驚失手墜地尼心動亟還抱起曰驚吾兒

致令晚得天下明年尼辭去楊忠封隋國公堅兗長襲爵

周主嘗謂曰公姿相奇偉服如曙星無所不照當王天下

欣逢劍璧○

甲午秋周太后殂詔行三年喪禮時稱賢孝左右勸虜修

知所先

善事以資冥果周主不許乃下令定三教以儒教為先由

是廢道佛二教詔毀涅祠齊主崇奉道教兩申齊政周大

後則近道矣

將軍楊堅伐齊丁酉春齊主傳位子恆為幼主政周師竟

進圍鄴齊主披甲尚講道德經兵敗被纘殺之合二十八

北齊五主
元宣政△

年戊戌夏周主殂子贇立　為宣帝攺　忌齊王憲屬尊望重
元宣政△

經以反逆雄殺之河內人阮基建德七年因射熊入天屋

山東壯見一道士坐松樹下神狀奇異基捨弓矢稽首顧

拜為師若有風摯師命基曰可暫往觀中眺望嚴間有一

童引基到觀門臺毀嚴麗皆饌以金玉土地清净紺碧琉

璃行樹端直綠葉朱實清風時起鏘然有聲基於門下觀

覽心神惶怖蒱退至師所師笑曰汝不敢進耶基曰凡夫

肉人不識大道忽於今日得觀天堂情誠喜悅不能自勝

願師弘慈濟基沉溺師曰汝積罪人也先身微緣今得遇

我汝命將盡其奈之何基惶悚叩頭千百求乞生津師遂

令基捨惡從善誓弃弓矢乃授基智惠上品十戒兼為藥

食食說令去甚載拜奉辭師曰汝命絕之時吾將度汝其

年冬甚得暴疾舉醉唯在事一指尚媛家人守之越日而活

良久能言云初見二黃衣使者執文書術至臺府階前小

更數十皆執簿書或青或黑一吏執黑簿曰汝積罪深厚

廳入地獄聞之金牟恐怖忽憶聖師之言西北瑞雲起見

師坐雲車中冉冉去地丈餘冥官皆作禮稱是太乙天尊

師曰吾有弟子在此欲求度之取經一卷付誦拜跪謹受

題云太上救苦經讀一遍冥官拱手受命師曰勿住此深

勤精進後更相見遂失師所在惟艷艷香氣氛氳黃衣仍引

至家聞嘷泣聲始知復活頻坐追憶經文不遺一字乃拔

（回）周靜閻　帝

（㊁）大象

（㊂）隋文帝　楊堅

（㊃）關皇

（㊄）獨孤后

（㊅）太子勇

（回）李德林

錄傳世後解親友人、山齊王憲素奉道佛聞有是經即廢

請拜誦無有間斷○至是受冤縊死家屬領回殯葬是夜還

帝魂外人無有知者○周主贊滛虐傳位子闡元大象○靜帝改自稱天

元皇帝庚子夏殂堅為大丞相進爵為王辛丑蔡周禪於

隋堅遂稱帝祖文帝○隋高建元開皇立勇為太子獨孤氏為后

廢闡為介公弑之二十四年○周五主合下令盡滅宇文氏侍郎李德

林爭之不從歎曰大喪亡心祚能久乎是冬詔求遺賢昔

林澹然去魏遊梁與庸僧不合見梁主崇佛知亂將作復

返魏趁曉此行前阻大溪一舟順流而下澹然求渡坐觀

二人形容非漁非佃轉眼已至彼岸二人云家離不遠隨

佛鬼尊鑒錄卷十三第四節　六

之穿林徑既至青衣童啟門揖進草堂二老轉八未幾

易道服出見陳果餅相待澹然請問姓氏長髯答曰老夫

一始坑儒葉家避難逢初平大仙引至此授養神煉炁術△漸

姚會字真卿此位褚如一諱崇陽皆金華人習儒業值秦

能飛昇兼謁泰乙皇人得列班次此非塵寰也君有凤根。

可同往叩皇人邀入堂後見白鶴青鸞盤旋飛舞一座瓊

瓏門樓用寶石欄清虛境三字從西廊而進過巍巍大殿、

有九重高閣畫棟雕題上補霄漢曲折碧玭欄杆上下赤

瑛門扇三人停立於堦有紫衣玄童傳命上樓惟聞異香

撲鼻瑞靄凝眸以玉為臺上坐上真戴蓮瓣寶冠穿錦霞

服纓綴玉絲縷躡無憂珠履姚褚禮畢、令術弒前辤制

濁已眛本來皇人曰子知上世有楊墨吾滄然曰以興端

人曰別來無恙吟設席敦待問知前因吾滄然曰生於任

見斥於孔門者乎皇人曰子即楊宋後身也太上惡不遵

教自立異見專爲我無仁慈惡墨子以兼愛立說等父母

於路人。縱情汙漫故屢經屏黜出道祖不忘救援復命汝

降世使子除鬖削髮寄蹟釋門要知四大皆空五蘊非有。

<u>妙語解頤、</u>以僑不肯一毛利人之失又不欲子偏從釋氏故託我招

子點醒授以道法待行滿時還赴仙都子勉之滄然泣謝

復問墨翟何在皇人曰因其系明仁義獲罪素王欲使其

七

陳後主
叔寶
至德
後梁
琮
廣運

發明大道為後世儒宗其因緣尚在予證道之後命童取
混元法籙三卷賜之曰過有緣者子當轉授以輔世滄然
拜辭由舊路至溪邊姚褚曰溪名為塵丹來筏往人間竹
木即沈惟本山者可渡相攜登筏頃刻抵岸別至河東而
樓山選幽曠地結茆演習星纏地輿陰陽術數無不精奇
鄉村有災患悉為治之四遠咸聞齊周隋皆迎聘不赴好
事者來從學滄然擇人而教壬寅春陳主頊殂子叔寶立
〔陳後主癸卯改元至德〕日飲宴後庭使諸嬪妃與狎客賦詩丙午後
梁主歸祖子琮嗣廣運改元明年隋徵琮入朝封莒公〔可笑〕〔後梁三主凡三〕
十三年時江南妖異特衆陳主惡之乃自賣於佛寺為奴以

陳

禎明

徐陵

褚伯玉

晉王廣

厭之禎明元

火從中起飛至石頭燒死者甚衆命侍讀徐陵講大品經

義名僧曰遠雲集每講延商較四座莫能抗陵

子毋夢五色雲化為鳳天軍而生□□見之摩其頂曰天

年守拙如愚與徐陵交善謂曰天下將一吾當去遊南

嶽路入閩中飛湍走陷危泊舟衝感忽起山水暴漲激船

上巓崩落嶂徒侶以為水淨來緣險尋求見伯玉自若

以小杖撝舟涉不測之泉衆大懾服後遇武夷君授以真

已得定力開皇八年晉主命晉王廣帥韓擒虎賀若弼

晉王廣訣遂得長生

性好釋氏於郭內大皇佛寺起七層塔未畢

好事稗剝人般太師弘弘族

少好出世學事陶貞白多

上石麒麟也錢唐褚伯玉字元□

八

韓擒虎

賀若弼

高頻

薛道衡

㹧一

韓擒虎等伐陳長史高頻臨行問計薛道衡曰江東可克乎曰

賀若弼克之郭璞有言江東分王三百年復與中國合今此數將

高頻周大軍渡江南謂戍中渠帥皆力屈後主歸封長城公陳

主凡三十二年肖成混一除毀兵伏薴臣請封禪不許詔定雅樂

帝雖武功定天下而素信三寶開少林有達磨遺跡遣使

修葺時慧可傳法師姬姓毋氏與光照室而姓生名光幼

覽三乘好遊山水受戒於香山寶靜禪師終日宴坐忽於

默寂中見一神人曰將證果何滯此耶大道匪遙汝其南

矣翊日光頭痛如剌樻師欲治之空中有聲曰此換骨耳

師視其頂如五峰秀竝謂曰神命汝南者其達磨乎光遂

造少林、因得受衣講法於寺、天女爲之散花自是繼闡玄

風博求法嗣。有一居士年踰四十不言名氏來問曰今見

和尚已知是僧未審何爲佛法光曰自心是法、是

佛無二僧寶亦然居士領悟遂請皈依光深器之曰是

吾寶也宜名僧璨以正法授之光付法已念達磨舊記當

有宿累乃韜光混迹。或隱酒肆或寓屠門人問曰師是道

人何故乃爾光曰我自調心何關汝事。至開皇十三年果

爲莞城邑長所惡加以非法悟然順受歸山而化年一百

有七使者來山正圓寂之日還言於帝欲罪莞宰而宰亦

亡矣是歲詔越公楊素營仁壽宮於岐山批乞邠壽宮城

萬寶常

奏新樂於宮、樂工萬寶常妙達鍾律、嘗於野中遇十許人、車服鮮麗、麾幢森列、如有所待、寶常趨避之、車中使人召至前曰、上帝以予天授律呂之性、將傳雅音於季末之世、救崩壞之樂、然正始之聲、子未倫知也、使鈞天之官以示玄徵之要、羣仙淩空而去、寶常還家已五日矣、常與人同食言及聲律、時無樂器、試以紅牙擊缶、聊為白飯噴蜂。

高士與仙人相近、逍遙公者、淵明之後一人

毒龍下降、不以佛法檢束、何能馴擾、稠師所以具大力而不逞、終歸正果。

經能拔人於地府、太乙真救苦天尊也、阮基悔心、即授以經齋憲冤死、亦得復活、爲皆可救之人耳

時茂以剛武之姿、削髮避世、原是大手段人、髡頂除鬚洵可矯一毛不拔之過、上真誠善於處分、

伯玉爲貞白弟子、固宜有此定力。

○○得仙傳寶常正樂　○○顯聖授伯醜談經○

以食器雜物取筋扣之品其高下宮商畢備諧作絲竹大

為時人所賞歷周洎隋落拓不仕開皇初沛國公鄭譯定

樂成而奏之帝召寶常問其可否寶常曰哀怨浮散此亡國

之奇詔令剏造樂器寶常曰世有周禮旋宮之義自漢魏

以求知音者皆不能通今將復之人必哂笑奈何帝試令

為之應手成衆咸嗟異由是損益樂器不可勝紀然其

聲率下○不合於俗人皆不好卒寢而不行帝命太常集仁

壽宮奏新樂寶常聞之潸地泫然而泣歎曰淫屬而哀大

下不火相殺盍矣當此海內晏安聞者太為不爾時鄭譯

四 牛弘
　辛彥之
一 何妥
一 盧賁
一 蘇道
四 蕭吉
乙 王令言
二 安馬駒
乙 曾妙達
乙 王長通
二 敦金樂

牛弘辛彥之何妥盧賁蘇道蕭吉王令言皆善於雅樂安

馬駒曾妙達王長通敦金樂等能作新聲悉心服寶常中

年無不韙每謂友曰吾不堪病病則孤矣未幾果病其妻竊

財物逃去寶常幾餓頻忽一夕先所遇神仙降其家曰汝

捨九天之高逸戀下土之淪沒於殊限將畢猶記雲臺宮

之會乎惆然良久乃悟他日謂隣人曰吾乃周之甚弘偶

謫於人世悉焚其書曰用此何為旬日不知所之太史耿

二 耿純臣
純臣奏曰適夜司夫室開空中隱隱有聲帝歎曰寶常與

十 歐陽生
十歐陽生宋仙較樂也帝收益賊繁多用法嚴峻三人共盜一瓜事

　孫秀才
孫秀才駿皆死有俠士歐陽生客寓洛下曾遊於南遇孫秀才授

飛行巘術專意鋤奸植善乃夜靜入軌政府至榻前曰自

古體國立法寬自源長酷則祚短未有益一錢而棄市者。

不爲吾奏至尊更來爾屬無噍類矣言畢不見執事者驚

懼奏聞乃停此法丁巳帝以吐谷渾不生釁以公主妻之、

巳未帝北巡幷州見一寺頹落詢之乃棚禪師所營工未

畢而卒帝澳然記憶頂禮恭敬處分總管太興營葺其寺

遂成帝莹禪卽而再生突厥啟民來奔帝妻以公主使處朔

州時太子勇多内罷獨孤后惡之次子廣鰿矯泰儉與楊

素厚素與后交譖勇廢爲太子是日天下地震辛酉

改元仁壽帝初搜訪遺逸華山楊伯醜鄉人。　馮翊武少姤讀書

二

2193

得青精之傳隱而靜演此徵至京師見公卿不為禮無貴
賤皆汝之帝賜其衣着至朝堂捨之而出常披髮徉狂遊
行市里形體垢穢未嘗櫛沐亦開肆賣卜卦然不中有人
失馬諸卜之方為太子勇召送遇立而作卦曰可於西市
東壁南第三店為我買魚作鱠如指而詣有人華所失馬
至遂捕之何妥嘗與論易聞安言笑曰何用鄭玄王弼之
言乎其測理辨答思理淵微大異先儒之旨論者謂別有
主機問所學伯醜曰太華之下金天洞中我嘗受義誣所
教之易與大道左同理窮袤妙豈世儒常談哉吳與柳歸
舜顧拜從學醜曰汝耳後有異骨但可遇仙難聞至道固

指之南行、柳醼去龍門、王通
字仲淹、來求教導、相與談論竟
日、醮喜曰、所學純正、足以發我、盡以義理傳之、在京數年、
至是復歸華山、欲從者追躡不及、歸辭自庚申至江南、將
抵巴陵、大風吹至君山、維舟登岸、循小逕行四五里、踰越
溪澗、道旁一大石、表裏洞徹、圓而砥平、周匝六七畝、其外
盡生翠竹、圓大如盎、葉曳白雲、森羅映天、清風徐吹、裛爲
綠竹音、中央生一樹、高百尺、條幹偃蔭、爲五色、翠葉如盤、
花徑尺餘、苞深碧、蘂深紅、異香成烟、著物霏霏、有鸚鵡數
千、翻翔其間、相呼姓字、音肯清越○有名武遊郎、阿蘇兒、武
仙郎、自在先生、踟蹰蘂鳳、花臺戴蟬兒、多花子者蟬兒咽

⊗武遊郎
⊗阿蘇兒
⊗武仙郎
⊗自在先生

佛祖傳燈卷十三第五節

歌曰分明傳與君王語建章殿裏未得歸朱箔銀釭雙鳳

舞此鈎弋夫人常所唱詞蘇兒亦唱曰昔請司馬生爲作

長門賦徒使費百金君王終不顧我憶阿嬌深宮下淚而

唱吾初學時爲趙昭儀抽七寶釵橫鞭余痛不徹今日誦

得還是終身一藝遊郎曰昔見漢武帝乘鬱金機泛積翠

池自吹紫玉笛音韻朗暢帝意歡適李夫人相隨以歌曰

頗鄙娥奉恩私顧吾君萬歲期仙郎問曰君何姓氏行第

歸舞曰姓梆第十二問自何許來曰徃巴陵遭風興酣至

此武曰柳十二官得瑑與境因痛致妍耳然下官禽鳥不

能致力生人爲足下轉達三十娘子遥呼曰阿春此間有

客即有紫雲數片自西南來雲氣漸散見珠樓翠幕重檻

飛楹周匝石際一青衣自戶出年始十三四身衣珠翠顏

甚姝美謂曰娘子使春傳語貧居僻遠勞此檢校不知朝

來食否請舍置坐以具蔬饌即有捧水精床出者歸舜再

讓而坐春教鳳花臺晉容娘子以黃郎不在不敢接對即

君汝若等閒似前度受梅一鸚鵡飛至曰近有一篇君能

聽乎歸舜曰平生夙願也臺曰昨過蓬萊玉樓有詩曰

露接朝陽生海波翻水晶玉樓瞰寥廓天地相照明此

時下樓止授跡依舊楹顏余復何忝日侍羣仙行

歸舜曰瘞則罷矣足下師乃誰人臺曰僕在王君左右一

千餘歲杜蘭香教我眞籙東方朔授我秘訣武帝求爲太
中大夫在石渠署見揚雄王襃等賦頌始曉藏論王莽之
亂方得還吳後爲朱然所得轉稽陸遜復見機雲製作方
學綴篇什二陸被戮便至於此殊不知近日誰爲宗匠歸
舜曰薛道衡江總也因誦數篇示之臺曰近代非不靡麗
殊少骨氣俄而阿春捧玉盤珍羞蚤薦甘香裂鼻飲食訖
有二道士自空下顧見歸舜曰大難與鸚鵡相對君非柳
十二子歸舜拜問姓氏一曰此古仙王次仲今改名丹余
即中央氏相與探望紫微實能安濟者也歸舜曰隋主果
稱賢乎笑曰楊堅本無功德以外戚竊位復聽讒自剪宗

枝根本焉能永固天命攸歸子試拭目觀之歸舜欲再問

道士曰君舡以風便欲啟可速回因投一尺縑與之曰捲

眼即至歸舜從其教身忽如飛却墮巴陵舟所正值舛人

將騎云巳失君三日歸舜歸隱吳興終不與人言及斯時

紫微下降從龍列曜先後降生初大橈下山向成都袁氏

托生曰天網攝祿梀兵亂失母育於父天姿秀拔好星緯

百家之技遊學四方聞雪溪吳嶠精乾學遠投師之悉得

其傳又於蜀中遇異人授以卜筮風鑑之術岐山李播者

宇文周時偶出遊見一女彷徨道側李曰观汝相當有賢

予吾適喪偶能相從否女應之遂携歸為婦詢其從來知

遯成都袁氏逾年生一子名淳風，關苗再世，擢仕於隋。淳風居家，有胡僧相訪，云：姓耆，西晉時來遊，今世亂西還，閭郎君素好天文，故來一談。月餘別去，曰：後遇袁姓子，有墳笈之義可共輔，既成夙願，勿忘本源。播知將亂，棄職歸，父子爲黃冠遯世，澹然在石樓，從遊者日衆，與之談禪講道。有志用世者，教以兵陣，如定薛舉、岐陽杜伏威、廬寧張善相，嘱以梢時而動，保境恤民。京兆三原李靖，字藥師，韓擒虎之甥。世擒虎曰：勇畧似我，其雅量勝多，定非風塵中物。臨終召詔曰：吾行兵二十年，不殺一平民，生爲上柱國，死爲閻羅王。靖姿貌魁秀，嘗遊獵山中，暮不得歸，投一朱門求宿。主

〔眉批〕

志自號黃虬子

十薛舉

十杜伏威

十張善相

回李靖

關羅王

人則婦也，設酒肴宴於中堂，靖素豪飲，舉觥連酌，夜將半

忽聞叩門聲，傳呼奉天符行雨，主婦應諾謂靖曰妾身龍

也，帝命行雨奈主若不在君風世龍身敢相浼代往當厚

酬之，命乘青驄馬與一小瓶戒曰取瓶中水一滴滴馬鬃

上，地下乃三尺雨也，慎毋越數有違天吉靖應諾跨馬起

於空時天氣晦昧惟聞風響馬足如臨山巖樹杪自思馬

巨每苦無雨以柳枝蘸水連下十餘滴忽山谷濤聲震響

壯撥馬還主婦迎門曰郎君多行雨數害却妾身也坦背

示靖鮮血交流蓋已受杖矣靖謝罪婦曰然有勞不可不

酬喚二婢出一面東立怒氣勃勃擘拳瞬目一西向立笑

天之降罰何速

信義

容可掬垂肖低髮婦問君當隨意靖曰壯士何所讓寧取
怒者婦曰向若并取喜者則位兼將相靖深悔欲更靖婦
曰始發言天曹注定不可更也夜深請宿靖趨東廂就寢
天明起視乃古廟也殆至馬邑見盧舍傾頹人民嗟歎云
驟雨水深三丈靖往廣寧從林師澹然識是王佐所學惑
授之自此歸隱哦眉晴長揖謁暢素素稱靖處士留幕下、
恭贊龍門布末王通上太平十二策不見用隱河汾間教
授弟子數以千計素雅重之勸以出仕通曰幸有先人敝
盧足以蔽風雨薄田足以供飦粥讀書談道足以自樂願
明公王身以治天下使時和年豐通也受賜多矣弟績性

簡放以周易老莊置淋頭他書罕讀、後通案門人謚曰文

見通與楊伯醜對立絕巖指嘯績於武德初、待詔門下、遇仁

省日給酒一斗、時稱斗酒學士、自號東皐子、

壽四年秋帝寢疾、太醫治無效、聞宗人楊上善精脉理、召

之、昔秦哀王水下山衰先投為上善仍以醫道齊人探索

三墳乃纂內經為太素脉法能斷人壽天窮通、徵休徵咎。

比於神靈其時承詔視疾退謂太子曰帝脉已絕其四少、

△宣華人 夫　延且又耳後上善壽至帝所寵宣華夫人陳宣偶出更衣、

回張衡　為廣所逼帝大怒廣恐與素謀令張衡入侍帝遂崩、二十

回隋煬帝 廣　四年、壽六十一、是夜廣入烝宣華明日即位、帝立蕭妃為后、初爛

回蕭后　怒狂風驟起龍隆地斷其尾縫一大鼠乳各阿摩、七

孕廣時夢腹中如雷鳴一金龍從身飛起摩空盤旋、僑詔

賜勇死、乙丑、改元大業立昭為太子守長安命素營東京、

太子昭

宮室洛陽築西苑內為北海廣四十餘里中起蓬萊三山羅

終臺觀剪綵綴樹常如春景月夜從宮女數千騎作清夜

大業

遊曲奏之詔延江都下令作興衛儀仗課州縣送各色羽

毛鳥程有高樹踰百尺上有鶴巢民欲伐樹鶴恐殺其子

十麥鐵杖

自拔毽毛投地時以為瑞韶州太守麥鐵杖不貢帝稱之

貪鳥愛與人同

曰賢守也鐵杖雄州人驍勇有膽志日行五百里少入始

與山拙舜弟鼻天子墓見有銅人數十擁笏列侍器餘皆

舅天子

金銀俄開墓內擊鼓大呼懼弗敢入乃雙挾二銅人出墓

門忽合初仕陳朝常執繖隨駕夜多潛往丹陽郡行盜及

朗捷趨伏下執役徒廻三百餘里人無覽者後丹陽頻奏

盜賊蹤由後主疑之惜其材力不問陳亡入隋委質於楊

素深為辦用既牧饒明習法律復為汝南賢守有射者王

靈智師事督君謨督能閉目而射志其所在則中之靈智

既得其術乃於隘路暗射督手一短刀每矢來輒截之臨

末一矢張口承齧其鏃笑曰汝學術三年春教汝齧鏃法

也靈智伏罪終身為僕役鐵杖慕而訪督已隱去薦靈智

於朝丙寅秋帝建進士科試士以文辭八月耿純臣言隋

分野有犬喪帝乃從素為楚公意楚與隋同分又與九月

果卒其子玄感襲封素未從封時李靖在舘舍夜聞叩門

2205

○紅拂

披衣啟視一紫衣少年杖一囊脫衣去帽即越府侍姬紅（俊眼）
拂也再拜曰妾閱人多矣無如公者願託喬木附絲蘿靖
且喜且懼遲明聞追討聲乃雄服乘馬挾張排闥而出妻

上裴矩

越王侗

既卒帝喜曰此老死我得暢遊矣以姪侗為越王丁卯夏（過文無痕）
西域圖記已巳置西海諸郡庚午諸蕃來朝帝陳百戲於
西域諸胡多至張掖等處交布販易帝令裴矩主之矩撰

十王世充

端門帝以王世充領江都宮監世充本西胡從母嫁王氏
性譎詐牛弘常誡其勿逢迎帝意是秋弘卒遺表薦蜀郡

趙昱

趙昱有才德初從道士李珏隱青城山修道至是徵為嘉
州太守郡左冷源二河有老蛟為害春夏水漲漂溺傷民

李珏

昱設機舟率壯士及居民夾江鼓譟昱持刀入水有頃水

盡為赤石崖崩吼如雷昱左手提竣首奮然出水時有佐

昱入水者七人即梅山七聖隋末集官隱去後江水漲溢見昱青袍乘白馬於洪水遽退蜀人

感其德立廟灌江口祀之有於彭縣李冰廟中辛未徵高

見其像相似咸以為再世稱昱灌口二郎神

聚為盜山東王薄自稱知世郎張金稱高士達聚眾河北

麗王高元不至裴矩請征帝徵兵會涿郡天下騷動始相

竇建德起兵漳南王申卑駕波邊以糧盡還都癸酉命姻

代王侑留守西京詔鑿河渠自大梁由睢陽等處引孟津

之水達於淮以幸江都命麻叔謀為都護令狐達為副號

召人夫齊集作樂開至一處下露屋脊掘下四圍白石堅

佛祖歷代通載卷十三第四十三 　　九

固報知都護命錐鑿石撞門仍如故令狐請宣詔門忽自
開進見無數漆燈四壁圓譜形像後傳一石棺啟視中即
一人髮齒至足指爪盤於身匣有石板蝌蚪篆文莫辨

懸金篆古文字

載酒問奇字

與圓紛裂禮樂撐崩而寶常得神人之教而載定之雖
寢而不行使正如雅音以脩盛唐之典厥功懋矣信是

襄弘再降

伯醜之易傳自羲皇卒以授文中子固知道派之正雖
藥師得滂然之傅使其立功烏室楊朱之罪可釋矣至
於中宵行雨寧非天水小龍乎

文中說教河汾周孔之道復明於世東晉頹風於茲一
根誠中派砥柱也

金仙既知千在後發掘何不菉定深隱處或乃龍脉所
結有益於遺蛻著乎

○○周隱遙鍊形巖穴⋯○○○伊用昌游戲迷樓

下夫言下邳有白石老博識古篆令請至老人誦曰

金仙遺蛻數滿千年移葬高原金刀贈焉

厚禮相謝笑辭而去叔謀擇高處葬其幽棺佛寺即大河道凡

遇民房產墓俱折毀之怨聲載道至陳留烏雲陡合冰雹

如拳叔謀軒裳傾裂回詢鄉民言留侯廟靈應求假其道

方可遂同至廟拜禱一老人出曰使當時虐民怙寵焉能

廟食千秋大夫潔已愛民何必畏讓前人哉忽不見叔謀

覩啞有丁夫中牟人心疼睡樹下見儀從呼唱燈光中擁

一金冠雲服貴人喚夫近前曰可語麻總管為其頷福未

狄鼠

盡我師勸止督工成贈以車金（同音斤）人從凌空而去中年

夫不敢漏言開至雍丘一大墓當河道喚民間之曰相傳

隱士墓牛羊不敢作踐叔謀意忽之即催鑿掘人多力眾

震然陷下下夫墜下無數有復上者曰直下止二三丈隱

神奇不測、

隱聞鐘鼓聲令狐曰齊州狄去邪好翾術有膽畧現爲武

平郎將請至以探穴相告去邪乃披甲懸劍蹲坐竹籃索

繫銅鈴下約六七十又及於底出籃漫行不百步豁然明

朗見一座洞府中門繫開東屋內有聲石柱上鐵索繫一

怪獸似鼠而牛大門忽開童出曰府君待久問爲誰童曰

覆姓皇甫狄見殿宇峥嶸上坐龍服雲冠嚲纓佩玉者進

拜綠衣吏引立西廊、傳武士牽阿摩來將石房大鼠牽進、

府君怒責曰阿摩念汝馴養日久姑令出世何不遵天道。

唐睿生民命痛打武士舉棒向腦一下大鼠叫似雷鳴方

再打空中降一童捧天符言帝有命阿摩國運一紀暫統

其籍楚數滿時將練巾賜死遂去皇甫仍令麻去喚去那

曰九華仙堂非有綠昌能臻此麻子伐我墓道明歲以二

金刀為報子須澄心猛省不可自墮令吏引出不由舊路、

送下山兩而別乃嵩陽少室下丟邪知國運不久入山修

道、複於終南遇擊高麗楚公楊玄感駕父墓常有

白氣衝天以李密為謀主襲東都帝還救玄感敗死姓為

千李淵
千李昞
十寶毅
人竇氏
千李虎
十建成
二十世民氏

氏喪密亡命鴈門變姓名教授有魏先生者即伽隱梁宋間

來與走往夾先生戲目觀子氣沮而目亂心搖而語偷方

捕蒲山黨非子乎密挺甲曰既知我豈不能救歟先生曰

子無帝王規模非將帥才器乃亂世之雄傑耳困槭陳所

以與廢成敗曰吾畫盡氣汾骨有聖人生事之富貴可取

△佛表曰監儒不足與計事遂西走收兵帝以李淵為弘

化留守李叔德初金堂李氏八百餘其生二子宗支綿遠

流居隴西累世積善淵祖虎仕周封唐國公父昞襲爵淵

有大志胸有三乳開寶殺開孔雀屏選壻徃發二矢各中

一目穀妻以女生建成世民玄霸元吉世民甫歲有二

相者曰能濟世安民者此兒也世民，故名玄霸數歲英勇無敵、

上應天，前歲秋內苑仙李大開方士安伽陀曰李樹旣王，勇星、

楊樹當襄帝收羊氏有兵權者欽錐其讖李淵沉默乃有

突厥
始

是命乙亥春二孔雀集朝堂帝巡北邊突厥始來雙

子帝馳入鴈門丙子春巡幸江都選少女千人為殿腳女

龍舟如殿式以女沿堤植柳為蔭自製新曲命樂工演習

扡緯如殿之有脚、

伶人王國風身習琵琶其父令言聞而驚曰其聲潘破七

之兆且宮聲君象也去而不返汝不可從國風託病秋七

月越王侗留守東都帝與后妃同御龍舟至睢陽令狐達

奏叔謀至寧陵患頭痛詔大醫巢元方診視得療之故復

巢元方

帝夢擊頭痛

審首至此不下尋常

2213

一陶榔

令　治

麻、藥用縣焦和服大盜陶榔偷民家小兒、當羊羔日獻

復受睢陽民金改易河道詔搜行囊有王璽一帝驚問叔

謀曰彭城有臺當道令掘自開探視乃宋偃陵五將璽所

△項昇

項昇獻圖應慕命封德暴監督帝自稱揚州總管置王府

△來護見

全部來傳兒勘榔权謀腰斬駕車江都篡巧匠營建浙人

士封德彝學士百人大湖洞庭西山有能琴道士周隱遙自云舟里

◎◎周隱遙

嫡孫數世前得其祖傳居集山鍊太陰術死崖窟中囑弟

子曰檢視我屍勿令他物所犯六年後若再生當以衣裳

农我弟子中視之初則臭穢蟲壞唯五臓不燬依言閉義

至六年乃身全卻生弟子偕湯沐浴以新衣衣之鬃鬚真而

十翟讓
十單雄信
十徐世勣
△李子英

黑髭髵髵而直若猷觚貑焉、十六年又死如前、更七年復生如

此三度巳八百餘歲狀貌如三十許人、弟子有恒心者亦

忘其年歲相弃去者亦甚衆帝聞其有道徵至江都領賜

豐厚恩禮隆其帝問琴理周曰心和則琴理自得又問養

生周曰團泊則命自永矣帝覺語傲慢令與諸學士問

難周謂曰易象剛正詩旨無邪誅生從事繁不華將爲殉葬

之巳也學士奏以不恭當誅帝釋而不問一日周忽歎曰

羣雄四起守此何爲乞歸遂放還蘇郡改晉州吳語以贖骨

爲蘇隋固初翟讓亡命尾岡爲盜單雄信徐世勣從之衆

曰蘇州、

聖萬餘衆李密自蒲丘歸讓李子英訪密云當代隋比來民

2215

桃李子逃去李皇后繞揚州宛轉花園裡勿浪語誰道△

許密也。

李密遂設伏殺張須陀河南郡縣盜氣賊羣起麥鐵杖

死難烈誑武鄱陽林士弘稱楚帝杜伏威歷陽丁丑秦德

舜報樓成帝見遠室宛轉喜曰真仙來遊亦當自迷名迷

樓帝宿醒頭暈想闌中荔枝遍訪民間近侍見一偉道者

同一美姑招賣鮮荔枝索價千金一枝內侍故知命入袖

出堆盤帝剖嘗味逾甘露因問從何而得答曰道人家乾

坤原大帝以小香帝密富貴令遊樓業曰不耐久脂膏容

土穰須陀

林士弘

2216

易盡錦繡為能惑我帝曰若歷遍不失可稱神仙不能汝

妻沒為宮娘姑怒曰何苦在醉人前說醒話道人曰遊戲

片時無妨攜姑信步一如舊遊將一座諸天宮之樓不遺

一處見帝乘如意車隨後顧問更有靈勝否帝叛顏道人

曰陛下聰明不見天之五賊乎蛾眉皓齒是一堆粉骨雕

梁畫棟不過日後燒柴絲竹管絃借辦應用公器時已月

斜鐘響良夜無多趁蚤逃我人山還救得性命此帝曰言

亦可聽只是天地間焉有不死方秦漢可驗也道人曰始

皇放過安期生武帝不識東方朔等閒自悞旣不省白龍

圍繞時要見貧道不能矣招一片彩雲飛下二人跨入冊

伊用昌再不見、此乃河南伊用昌夫婦每遊江右盧陵宜春諸郡，

有心度世假以乞食愛唱望江南詞夫能飲性多狂逸人

呼為伊風子妻酈氏有殊色音律女工皆妙或詞笑之者、

即有失意之事常宿古寺廢廟間遇物即詠夫妻唱和自

為笑樂詞中皆有微旨其詠鼓云ㄥ

江南鼓棱肚兩頭樂斷着不　　優骨髓打來只是沒心

肝空順被人謾ㄥ

江南景空自說逃樓百折千迴誇閬苑珠輝玉煉勝蓬

餘多不贅仍向盧陵混跡有聞其詠迷樓詞ㄥ

洲轉眼盡荒拉、

昔有蕃釐道人於江都修道後遍遊五嶽得道囬取玉二

方一白、一赤、火齊珠、種於地後長二樹花開白紫異色奇

香不同比卉白各瓊花紫名玫瑰遂建觀名蕃釐帝聞二

花盛開幸觀見廻欄中一堆白雪千片紅霞有移栽之意

軍衛擁一道人主帝問何為對曰修藥度世固精尤妙帝

索之即傾幾粒遞與帝囬試有驗復令従取見花欄止一

株紅花問故道衆日夜來聞花下大聲曰奉蕃釐大仙法

旨取素璦回山留玫瑰以昭火德天曉失去內侍見墻上

墨畫道人與賣藥者無二旁有兩行字錄奏

苦將酒色喪天眞縱有靈丹不繼春收去瓊花君莫訝。

須知原是種花人。

帝詔曰即蕃釐耶因想送荔枝、贈丹藥世上原多仙人這

使四求吳州、全元起精通醫道、嘗與楊上善相為問難發

明素問之義人稱為醫仙應召至帝問丹訣元起曰樂色

而骨堅此即大丹之旨帝謂其無學仍令徧訪靈仙不知入脉

不節則精耗貪姓不止則精散惟聖人愛精重施則精滿

天下半為竊踞李密稱魏公薛舉稱西秦霸王竇厥立劉

武周為定楊可汗梁師都稱梁帝時李靖復仕隋為馬邑

郡丞取少祿為養值武周兵起靖攜張氏仍回三原偶憩

逆旅既設床鑪中肉且熱張髮委地立凳梳床前靖方刷

2220

馬一人赤髯如虬乘蹇驢來投革囊於鑪前取枕歇即看

枕頭靖怒猶刷馬張映身搖手示靖勿怒急梳畢歛袵前

問其姓臥客答姓張曰妾同姓合是妹遂拜之問第幾曰

第三因問妹第幾曰最長喜曰幸逢一妹張呼李郎且來

見三尨靖前禮之遂環坐靖市胡餅取煮肉共食客曰李

郎貧士也何以致一妹具述取虬酒酌之客曰吾有少

下酒物能同之乎乃開革囊取一人頭并心肝却頭囊中

以匕首切心肝共食曰此天下負心者銜之十年始獲之

吾釋憾矣觀李郎儀形氣宇真丈夫也聞太原有異人乎

靖曰嘗識一人愚謂之真人其餘將帥而已曰何姓曰靖

之同姓年幾二十州將之子也曰似矢能致吾一見乎靖

曰晉陽令劉文靜與之善可因以見也客曰可俟我於汾

陽橋頭遂策驢去世民嘗醉卧劉家文靜坐樓上見南宅

大池中有白龍下飲大魚躍上岸以百數家人見而驚駭

世民醒曰醉中渴甚夢飲公池甚快文靜視其體猶濕因

大奇適虯髯託為相客來謁欲見二郎君迎進虯髯一見

心死私謂文靜曰真天子也吾待什八九矣然須道兄見

之明日與一道士至文靜接問曰徐洪客請二郎觀奕世

民至長揖而坐精采驚人顧盼偉如也洪客方與文靜奕

一見慘然斂棋子曰此局全輸矣無路矣能奕曰真真遂

請去、謂虬髯曰此世界非公世界他方可也勉之勿為念

共至汾陽橋令靖詣京某坊曲小宅相訪暑讌從容毋卻

也靖如言至一小板門扣之有應者出拜曰令候久矣延

八重門引入東廳其巾櫛粧飾畢請更衣極華美傳呼云

三郎來虬髯紗帽紫衫趨走有龍虎狀相見歡然其妻出

拜貌亦天人列坐陳酒饌家人自東堂昇二十床以錦覆

之命去覆乃文簿匙鑰耳虬髯曰此寶貨錢貝之數悉以

多贈本欲於此求事或龍戰二三年建少功業今太原有

真主三五年內即當太平以李郎材輔之必極人臣之位一

妹從夫貴盛豈偶然也此後十餘年東南數千里外有異

2223

張仲堅

事是吾得事之秋可瀝酒相賀吾東海張建雄也堅字仲因

命童婢列拜曰是汝主也可善事之言訖與其妻戎服乘（此奴非○下村）

馬一奴相從出門而去靖遂據其宅爲富室李淵留守太

原遽延未畢怒夢身死堅未蜀郡姐食覺而大恐徙叩智

原見突厥冠邊中原賊盛心懷憂懼世民乘間說與義兵

蒲禪師戎解師曰大吉爲億兆趨附之象世民曰昨有臣

神降於兒前稱毘沙門天王願同力定亂手有持猪首象

鼻者淵以告智蒲蒲曰按釋氏源流有四天王曰毘留勒

義曰毘留博義曰提頭賴吒曰毘沙門皆擁護法幢者也

淵始決意起兵及即位詔天下公府皆祀之天寶初詔令諸郡置祠凡建佛寺普以天王殿爲額有

○提頭　賴吒
○毘留　義博
○毘留義　勒
○毘沙門　義勒
○智蒲
○然
夫突厥作
事太原公
子恐不能

祝老人

祝老人者詣淵請見，狀顏特異。淵置酒飲酣，語及時事，曰：楊氏將絶，李氏將興，天命在君，願自愛。淵遜不敢當。翁曰：既爲神受，寧用兩耶。隋蹤偷安天位，平定南土，蓋爲君驅除耳。公德門爲聖人後，又貴相應天受命，當不勞而定耳。

丹丘子

但應在丹丘子之後。淵問爲誰，羽曰：與公近籍，公自不知。然丹丘凝情物外，恐不復以世網累心。淵曰：安在。曰：隱於鄠杜間。淵袖劍而訪，至門，將欲謀之，見其貌若冰壺，不覺心駭神悚，伏謁於苫宇之下。丹丘隱几持順，塊然自處，遠言曰：吾久厭濁世，後墳於時者顯晦殊，幸毋見忘。淵悵然謝之，因跪啟曰：隋氏將亡，已有神告，當天祿者云在

我宗癖知先生亦勢天人之光天兩不相下將夾雌雄於

鋒双僕懼懼劉項之患杯酒解兵柄言餌榲燃

留侯以冰雹擊邪猶有椎蔡英氣赤松之冷諷熱諷不

特為麻而釀也

探穴一節近於小說然皇甫君教阿庸數語可以訓世

奇女必得奇婿崔屏中選天緣也

隔墻雖似形三度竇得家傳其對爝帝諸人語亦有氣魄

用寓煉一片變心在世俱當強省舊

傳復花為人所鋤余疑奇葩必有神司之觀此始為釋

然哉

真主既生神器有歸矣虹霓幡然捨去別圓圖海外不愧

知機豪傑若必特力爭衡便是重瞳舊樣焉能獨霸扶

餘哉

說老雖是熱腸假使丹丘非梅道人點醒淵亦無奈之

何豈不空勞一番跋涉

洪客具雄才特以世民饒生無用武之地又不屑小成

故精於學道遂得度世不然其才豈遽於虹霓而不為

航海計耶

○○獅子巖徐君尸解　○○羊角山太上傳言

是來也實有心焉殊不知先生棄唐虞之揖讓躡巢許之

高蹤僕所謂甌雕夏蟲未足窺大道也丹丘笑頷之淵復

進曰天下之廣恐非一心一慮所能周先生得無有以教

我丹丘曰昔陶朱以會稽五千餘眾卒殄強吳後去越相

齊無足稱者豈智於越而愚於齊哉蓋功業隨時不可妄

致也言訖不對悵望而還原來嚴子陵復降於世欲應

晉陽主氣梅道人聞之追踪而圭曲為黝化始渙然氷釋 〔子陵〕

隱姓氏自號丹丘祝融因李氏當以火德王恐丹丘猶有 〔小名任奴〕

狂奴故態故來指示即徃招雲溪吳嶠初嶠嘗遇鄣中告

2227

恭帝侑

義寧

蕭瑀

李軌

蕭銑

陸彥通

其令曰中星不家太微主君上有嫌而主氣流萃於晉地

子知之乎令不之信至是隨回南方淵知天命攸歸募兵

先克河東命世民狗渭北照城尉房玄齡謁於軍門引為

謀主淵入長安立代王侑尊帝為△淵自為丞相復進爵唐

王李靖進謁世民請置幕府河北太守蕭瑀後梁起兵巴陵東都越

武威司馬李軌稱涼王羅川令蕭銑後梁以郡來降

王逼於李密王世充柱救密復進取黎陽倉陸彥通與戰

敗至一深澗踢身躍入空中現金剛神接其臂提弓對岸

其臂異香數日窰夜見長神責之曰彥通日誦金經故披

之子反側宜受彥通之師教密不省開倉恣民就食泰山

上策也何
為不聽

四定光佛

道士徐洪客因魏徵獻書於密以為大衆久聚恐米盡人
○徵字玄成○散徵真定人少孤貧不事生業為黃冠洪客初為虬髯公
有龍虎之資與之周旋因參井分有王氣尋遇世民令公
舉別圖海外自隱泰山途遇魏徵知是西嶽人曹司馬李
密從事告以太原公子為真命試附一書料密必不從分
乎去密果不用洪客入閩至汀洲獅子巖昔有定先佛拋
院於此一湖水色深綠取以彩畫殿字即名綠水湖洪客
居此精修神會定光得其道要遂雲遊至淮安海州有巖
亦名獅子見其秀麗存以煉丹號仙筆戲以浴丹水滌近
處山上紅壁丹崖遂名煬帝日漸危羸因想全元起召之
朱紫後於巖下戶解

宇文楊氏報復　　帝浩　　帝侗　　武德　　唐高祖　陳淵　　竇后　　許宇文化及　　薛仁杲　　楊義臣　　盛彥師

上宇文化及不在巳與游客南遊白安山帝聞亂無心此還戊寅春宇

文化及諭諸驍果殺入引帝出用肖絹縊殺之在位十三

年化及稱大丞相立秦王浩　文帝孫泰　凶聞至東都眾立

越王為帝亦為世充總督諸軍長安聞變勸侑禪位淵遂

高祖恭帝國號唐色尚黃建元武德州竇氏為后建

即帝位神堯

為太子世民為秦王元吉為齊王贈玄霸為趙王詔定律

令置學校時西秦薛舉殂子仁杲立世民討之仁杲降李

軌懼而稱臣化及入弒隋主浩自稱許帝太僕楊義臣招

夏主竇建德伐許擒殺化及是秋李密與世充戰敗降唐

盛彥師既復叛盛彥師伏弩射殺之　金剛雄信等降於東都乙卯

世克稱鄭帝、廢侗尋弒之、隋四主、合、吳興太守沈法興據
江東稱梁王、其將李子通稱吳帝、於江都、劉武周攻取幷
州、世民擊之、尉遲恭、字敬德、驍勇絕倫、李靖鷹山東秦瓊
善行請見秦王、自言於羊角山見一白衣老父曰、為語唐
天子、吾為老君、而祖也、今當以火德繼王、可知已為太之
子也、弗即認為土德、百年後火既而化土矣、世民厚禮謝
之班師奏聞、遂改尚赤、詔於其山立老君廟、屬守時祀、世
民督軍伐鄭、辛巳、世克求救於竇建德、至戰敗被擒、世充
隆夏將劉黑闥、收衆於漳南、稱東漢王、葉王薛王舉連之、收夏

2231

十 杜如晦

□ 朱粲

□ 頡利

□ 突利

三 侯通

珍寶得傳國璽命秦王為天策上將開府置為以杜如晦

等號十八學士朝登瀛洲壬午李靖伐梁蕭銑降朱粲據

菊潭稱楚王狂悖食人秦王擒斬其夾婦黑闥引突厥冠

并州始畢二子曰頡利突利唐就以和好引還建成請擊

黑闥執斬之甲申春詔并州縣置學有明一經以上者奏開

隋有廣都李廉侯通生剡門外見四黃石皆大如斗通愛

之收藏書籍賀之以驢回著皆為金貨之得錢百萬市美

姜十餘大開宅第近旬置良田別墅後乘春景出遊盡載

妓妾隨從下車悚設酒殽有翁賣大笈至坐於席末通怒

詬之翁頭扶出叟不動不恚但引滿噉炙而笑云此來求

得心耳、昔將吾金不記乎。今為作一戲、試觀之、因盡取

逼妓妾投諸書篋、亦不覺其窘頁之、而趨速如飛、烏逼令

蒨頭馳逐斯須已失所在、自後逼家日貧、十餘年、歸蜀劍

門、見前翁攜所將之妾遊行、寶從極多、妓妾皆大笑不言、

逼憤懣不勝、翁指曰、郎君向日得錢而謙我、來更有所教

既驕慢無禮、非可傳之人也。故慾收此玩好以俟育道者

與之逼垂淚自慾逼之忽又不見、訪門前後、並無此人

至武德四年、復於邠州遇翁、科頭散衣、醉臥酒樓遽跪而

候醒泣訴改行已久、翁有憐色曰、雖然、終難入道、乃解胡

盧與之而去、逼追問姓氏曰青烏公也、逼歸傾瓌得藥一

四

太上所戒

向昌而驕

不知其瞑

過敏來療

2233

陳果仁

僧禪師

沈氏

九如向黃石色不知所用置磁器中越宿器成金色市之

則真金也由是復成富室寶藏其丹及是州縣舉明經亦得無患

列遺名辭不赴隱入深山是秋唐遣杜伏威伐吳善相降前與張

唐執李子通伏誅乙酉春追封陳果仁為忠烈公立廟時

杞公字世威常州人梁太清三年三月望午時生英姿照

人有鼎角伏犀之異陳大建時對策玉階選江西道巡察

大使德惠萬民隋徵拜大司徒沈法興誅據常郡陽為依

附懼公威勇至是稱疾告公不得已往問飲毒馳歸有高

僧凜禪師以醫名急召療其法當於閒寂處剖腹滌腸去

毒公室沈至池上潛窺觸之公囑俾施居第井內幣為精克對

舍東第為崇釋觀公慕十七英奭如在一日黑雲薇空公

現神威彀矢射死法與李子通收其眾及吳地平故對祠

焉丙戌夏太史令傳奕疏除佛法蕭瑀言佛聖人也非聖

㊃傳奕

者無法當治罪奕曰瑀不生於空桑乃尊無父之教非孝

辭嚴義正

者無親瑀但合掌曰地獄之設正為是人帝亦惡僧尼道

士不守戒律苟避征徭不事清修素無行檢者有司

卷藏財洞中外閉以石門三祖僧璨偶有疑義執經往問

○○靜琬師法

悉沙汰房山石經洞隋靜琬法師於此鑒石為版刻經一

深相契合大業二年璨終於皖公山舒州琬亦化去初有沙

○○四祖道信

祖道信彌道信河內司馬氏子生而超異幼慕空宗六年十四來求師曰乞

五

文黃梅東山一
道聳森西祖

求道信曰汝
老矣遺者去
遇一女子浣
衣聞曰借汝
家宿皆彼女
曰父母肯留
則宿遺者去
不遠遂脫大
樹下自是女
子方笑父母
責問文言其
故後生一男
竟傳嗣祖

〇〇五祖
弘忍

慈悲與解脫法門璨曰誰縛汝曰無人縛曰既無人縛何
更求信於言大悟服勞九載璨屢試知其緣熟付以法衣
且授偈云△

華種雖困地從地種花生若無人下種華地盡無生。

偈畢令其行化信既嗣祖法攝心無寐脅不至席者六十
年性破頭山學侶雲臻有司多所曲全往黃梅路逢一小
兒骨相奇秀師問曰子何姓曰姓即有不是常姓是佛性
師曰汝無姓耶曰性空故知是法器詣其家乞之其母殊
無難色遂捨為弟子師以衣授之取名弘忍夏五月房山
奏石洞放光蕭瑀請舉勤高僧作頌勒石有碑記六月丁
累代皆

巳傳奕密奏太白再經天見於秦分帝以其狀授世民世

民乃伏兵玄武門射殺建成元吉秋八月帝稱太上皇世

○太宗民世

民即位　武皇帝　太宗文　立長孫氏為后承乾為太子丁亥改元貞

○長孫后　貞觀

觀分天下為十道隴右河南河東河北山南嶺南初高州太守貞

承乾

馮寶卒嶺南推寶妻洗氏為主保守嬪土陳亡擇番禺

生洗夫人　生馮寶

夷叛夫人戰於羅州城檀道濟築大破之於蟠仙坡此上昇累

土馮寶

封譙國夫人謚敬誠土人廟祀所求響應子盎拜漢陽太

○○玄奘

守五州獠叛擊平之隋亡或勸盎自王盎以州降戊子夏

十馮盎

李靖討梁師都滅之是冬沙門玄奘肖天竺回武德初遣

擄有家云

往西域取經臨行摩靈巖寺庭松曰西去求佛教汝可西

其徒孫朱

第□□卷十三　第七節　　　六

萬騎寶、有其事墓、皆在洮城、如曾至閬、中者皆知、孫為治題、之神隨處、皆有其廟、不知為計、痿身體膿血、三徒從行、

長若歸汝却東回使吾弟子知之及去其枝年年西指玄

萬俗姓陳偃師縣人自幼精勤篤志奉詔前往有孫朱沙

三徒從行、一路賴以扶策乘馬至劉賓國道險不可過萬

不知為計乃鑱空房而坐至夕一老僧上狀默坐頭面瘡

痿身體膿血萬禮拜勤求僧口授多心經一卷令誦之遂

得山川平湯道路開闢虎豹藏形魔兜遁迹萬得至佛國

取經六百餘部見一佛龕題曰菩薩萬迴謫向閬鄉地教

化萬誌之其年靈隱寺松枝東向弟子曰教主歸矣西迎

果還賜號三藏命以經於本寺供養非憶萬迴事往閬鄉

縣訪之為張氏子生而愚八九歲乃能語父母以豚犬畜

一部西遊
記只在數行中

萬迴

釋氏因畢、侵壞佛經

多蓄猫三、藏帶歸養

嘗目晴按
時而發一
名為衆貴一
名為圓種
出天竺不
受中國之
氣所生鼻
頭常冷惟
夏至一日
綾忽然不
食諸肉死
則不埋土
內掛於樹
上

之長令耕田耕之直去不顧但連獮平等耕至數里遇灤
而止父怒擊之廻曰彼此可耕何須異相廻有兄戍安西
奇問隔絕父母日夕涕泣廻跪曰非憂兄耶曰然廻曰請
愍儔兄所需之物兒將往探依言具布裘糗糧巾履之屬
廻朝賣而徃夕返其家告曰兄平善矣取家書視之乃長
子手跡也家始異之弘農抵安西蓋萬餘里以其朝徃夕
衣胝鉢因葬西回召問其風土談佛氏正派弉言達磨
少林開山衣法流傳慧可僧璨後破頭山道信得之帝召
信信上表遜謝前後三返竟以疾辭帝復命使徃曰如果

七

馬周

天綱甚巳
仙矣魯相
李淳曰君相
雖則氣從
耳出名龜
息必貴而
壽嶠後為
中書令年
七十卒合文本謂

不起即取首來師乃引頸就及顏色不變使回以狀聞帝○

高之賜珍繒以遂其志已丑夏特以徃平人馬周為監察

御史周本華山素靈宮官唐室將與太上勅下佐命而

沈酒於酒泊没風塵二十年樓旅困餒所向磕仆聞袁天

綱善相詣決休咎△天綱目之良久曰吾神奔走居旦夕〔神相〕

耳○周驚問禳制之術天綱曰可自此東行當有老叟騎牛

出城不得迮語但隨之此災可除也周將出都門果如其

言默隨其後繚繞村徑登一大山及巔叟顧之下牛坐樹

下與語曰太上命汝輔聖孫拯世何為昏溺自撥困飢令

太華仙玉使我召汝即引入關歷宮門數重至大殿下羽

衛森肅若帝王所居趨至簾前有宣言責之者以其受命
不恭隨廢所委使還舊署自省叟與數人送周東廠外別
院中室宇宏麗視其門則姓名存焉故鑰而入爐火鼎器
牀榻茵席宛如近所棲止沉吟思之未能了悟忽有奇偉
五人服五方衣立於前曰皆五臟神也先生酣飲流蕩濁
厚於身我等歸此久矣但閉目將復於神室周眠目頃之
開視五人不見忽覺心智明悟併憶前事二十餘年若旬
日間耳復扃鑰所居出仙王之庭稽首謝過再稟其命叟
復送詰長安謂曰予葛孝先也俟子功成再見遂去周復
詣天網驚曰子何所遇已有瘳矣六十日當膚顯秩勉自

酒徒見之
當痛殺

見之者必昌

天命於賊

2241

愛也遂至長安舍於常何家代陳便宜事上怪問何對曰

臣客馬周爲具草耳即召至令直門下省尋除御史命衛

公李靖討頡利庚寅破之於陰山各部震駭突利入朝東

夷鞨進責咋遠方來者甚衆中書侍郎顏師古作王會

獻火珠有司以表辭不順請討帝曰好戰者亡語言何足

〇顏子三十四夷君民詣闕請帝爲天可汗許之時林邑

〇顏師古七世孫

介意詔發卒修洛陽宮給事中張玄素諫止之時洛中有

一布衣自稱終南山人王守一常賫一大壺賣藥有求買

不得者病必死或急授無病人旬日必病洛城柳姓者家

千金唯一子既冠忽於肩頭生一肉塊聞守一有異躬請

至家出示先令焚香酒脯祭祀於壺中探藥一丸嚼傳患

處復請其樽俎塊忽破有小蛇突出往地約五寸五彩爛

然漸及丈許守一盡飲其酒吐蛇騰空雲霧昏暗欣然乘

之而去芝譜王公聞龍潛遁其一命壺公追尋記名王守

一先遇孫思邈知其實有仁心與之祭明醫理值柳家請

視知龍匿此收回復命有司以蹲蛇上昇專闢未幾粵中

橫州泰陳氏女買魚得一大白者有長人來謂曰可獺魚

於水急上山避之陳如其言長人引避於古缽山頂回望

所居盡陷為池勅有司給養陳婦帝讀明堂鍼灸書云人

之五臟咸附於背詔令毋笞因背闕雍州處士孫思邈善

醫術徵之思邈、字知微。七歲就學、日誦千言。洛州緫官獨
孤信見之曰、聖童也。顧器大難為用耳。及長善言老莊百
家之說。周宣帝時以王室多事、隱太白山、學度世術。進求
仕世亂學仙退

退學仙

李唐之於太上、原有根苗。肇自羊角博言、後更為彰著。且
代有好道之君。嫡派無頗。玄甃取經事、本非虛妄。矣認虛事、則還空矣。
達磨法嗣、燈燈相續。今之繼出者、第患無可傳之法。不
患無傳法之人。認悟坐降世。耽於麴蘖、藥羝致莫救。尚非天刑。指示華歲省
您何能還原復位。酒之禍人、亦不淺。勘。道術兼善、至於救
思邈得太白之傳、盖以壺公之教、故濟之術、勝於隋。珠萬倍矣。檀
戲物而龍君能無災禍乎。

仇眞人授鍊氣養神之道通陰陽推步精審氣色常瘟仁

慈偶山行見牧羊傷小蛇血出即解衣贖之以藥封裹放

草間洽旬復沂遊盛從一白衣少年下馬拜謝曰家嚴欲

邀至家一謝易以巳馬偕行如飛至一城郭景色和媚門

庭煥赫少年延入一人裕帽絳衣侍衛嚴肅欣喜趨接謝

曰深蒙厚恩故遣長兒相迎少頃一中年女于領一青衣

小兒至云前者此兒獨出爲牧豎所傷賴脫衣贖牧獲全此

中血屬非少共感再生之恩今得見道者榮幸甚矣再拜

而謝恩邀始省救蛇事昴宮人閒人呼裕帽爲王呼女爲

自衣少年

青衣兒

山中夗子女

2245

妃心異之譖問左右曰涇陽水府也王者命設酒饌妓樂

以筭辭以幣穀服炁惟飲酒耳留連三日以輕綃金珠相

贈恩意堅辭乃命童取龍藏奇方三十首與曰以助濟世

復命僕馬送歸歷賦皆有神劾編入所著千金簡易方中

方三十卷每卷有

有龍宮方一首有虎角闘闚伸頸奮爪救狀思邈知為腎髓

以鐵環撐其口始探喉猯出虎攞尾舐呂竟為守門隋文

帝在周輔政時知有龍虎之異徵為國子博士不就嘗謂

人曰過五十年當有聖人出至是應召諸京帝見其少容

固辭固命如有道者誠為可歎羨門之徒豈虛言哉將授以爵

固辭固命留京療治辛卯南方疫癘大体賴張天師拯治

初九代師符壽九十三而化、其子祥字麟 仕隋為洛陽尉

嘗遊河洛登嵩峯石室樂其幽勝夜間兵騎聲、復吞燕

棄官襲數服食精鍊能吐月真掌中光芒穿室尋二神吏曰

東嶽主者道過奉謁昔於青城會聖祖師今四百餘載自

魏晉亂離生靈受害罪業牽纏無由解脫今嶽司有幸得

遇天師願乞廣書經籙以俾超化辭去師還山分遣弟子

宣播累積玄功壽一百二十歲而化子通玄字仲天性靜

默常獨坐一室非時不出時吳楚大疫師以標植水中汲

飲首咸愈有持帛來謝師却之曰吾祖以之濟人安可受

謝乞符籙藉雲集疫癘頓止帝嘉錫之壬辰春舉臣表請

封禪不奇癸巳七年遷太史令李淳風為太常製渾天儀、

正前代得失著法象書七篇馬周薦表元綱召為太史與

淳風同事承肯作推背圖近知氣運修短如讖緯符謠使

哲人知戒進上帝覽之詳問恐泄天道但對以至後方驗

帝慮感世秘藏內府以其徒王孝通為算學博士能知曆

數而不知曆理每執南斗為冬至常星與不識歲差甲

午春命李靖蕭瑀王敬伯等十三人為黜陟大使分行天

下敬伯理延尉、餘姚人大善鼓琴嘗至吳郵亭雜舟中渚秉燭理

琴一女子披帷而入二女從焉先施錦席於東床既坐取

琴調之聲甚衰切女曰此曲所謂楚明光也唯縠中散能

△水仙子
○裴諶
○梁芳
十趙胐
△趙女

水仙子為此聲其外傳習數人皆不得精微姿為水仙子以君有

道氣故來一會苦未遇仙骨也忽不見自是琴理大進後

與豫章裴諶錦城梁芳約為方外之友大業中相與入白

鹿山學道謂諶曰所以去華星而樂華齋賍歡娛而貴寂寞

死散伯謂諶曰黄白可成不死藥可致探煉十數年而梁芳

者觀乘雲駕鶴遊蓮壺縱或不得亦望長生耳今仙海

無涯辛勤於雲山之外不免就死于將遊京洛求腰金拖 無垠也者何能得仙

紫玩色聽歌榮耀人寰矣子盍歸乎諶曰吾乃夢醒者不 看得透○

復低迷敬伯下山以舊籍調授左武衛騎曹參軍開大將

軍趙胐女善事禮聘要之數年間遷至廷評賜緋至奨奉

使淮南舟過高郵制使之行呵叱風生諸船不敢動時天

微雨有澳舟突過一老人衣簑戴笠鼓棹疾行如風敬伯

斳視之乃湛此逸令追請榷舟延坐握手慰之曰兄久居

深山拋棄名官而無成至此極也夫風不可繫影不可捕

古人春夜長的秉燭遊況少年白畫而擲之乎敬伯自出

山以來今廷射計華矢胖者推獄平兄乃天錫命服復預

遇巡行難來可言室連比之山臾角謂差勝兄廿勞苦竟

如曩日今何所需當以奉給諾曰吾沈子浮魚鳥各適何

必矜炫也夫人世所需者吾當給子子何以贈我市藥於

廣陵有息舟之地有園橋東有數里櫻桃園園北車門即

也公事少隙、當尋於此、遽儵然而去、敬伯主廣陵十
餘日、閒暇思譖言、因出尋之、果有車門、初入尚荒涼、移步
愈佳、香風颯來、不復以使車為重、視身若腐鼠、視徒若螻
蟻、有黃頭引入大門、稍聞劍珮聲、二青衣出曰裴郎來、俄
見衣冠偉然、儀貌奇麗、敬伯前拜、裴慰曰塵界仕官久食○若哉
腥膻愁慾之火焰於心中○員之而行、周甚勞苦、遂揖以入、
坐於中堂、門戶棟梁餙以異寶、屏帳皆畫雲鶴、有頃四青
衣捧碧玉臺盤而至、器物珍異皆非世有、香醪嘉饌、目所
未窺、日纂命促席、燃九光之燈、煌華滿座、女樂二十人列
坐皆絕色、裝顏小黃頭曰王許事者道備不固棄吾近十

年纔為評事今俗心已就須俗俊以樂之顧伶嫠女無足

召者當召士大夫女已適人者如近無姝麗五千里內皆

可召之黃頭唯唯去諸妓調碧玉箏調朱諧而黃頭復命

引一妓自西階登拜裴席前裝指曰泰評事敬伯答拜想

之乃巳妻趙氏然不敢言妻亦甚馱目之不巳令坐玉階

下青衣捧玳瑁箏授之趙素所善也因令與坐妓合曲以

送酒敬伯座間取一般色朱李投之趙顧敬伯潛繫於裙

帶妓奏曲趙皆示能逐裝令隨所奏時時停之以呈其

曲酬獻極歡天將曙裴召前黃頭送趙夫人且謂曰此乃

九天畫堂常人不到昔與王君為方外交憐其為俗所迷

○杜子春

自投湯火以智自燒以明自賊將浮沉於生死海中未岸

不得故命於此一醒之今日之會誠再難得亦夫人宿命

乃得暫遊趙拜而去復謂敬伯曰使車留此一宿得無驚（可憐）

郡將乎宜且就館未赴闕開時訪我可也塵路邈遠萬愁

攻人努力自愛敬伯辭去復五日將還潛詣取別其處不

復有宅烟草極目惆悵而返及京奏事罷歸第諸趙競怒

曰女子誠陋不足以奉事奈何以妖術致之萬里而娛人

視聽乎朱李尚在何可諱也敬伯盡述其事妻亦記裝言
（按的）

遂不復責敬伯因言在何廣陵時聞一異事更自玄怪有杜

子春者周隋間人志氣閒曠縱酒好遊資產蕩盡投親識

神異傳登○卷十三第八節　五　崔茂

2253

憑過而欲
贈錢非無
心也。

皆見棄方冬衣破腹空徒行長安中日晚未食徬徨於東

市西門仰天長吁一老叟策杖前問曰君子何歎子春言

其心叟曰幾緡則豐用春曰三五萬可矣叟曰未也更言十

萬曰未也乃言百萬猶曰未也曰三百萬叟袖出一緡曰

給子明午候於西市波斯胡邸慎母後期及時子春往叟

果如數與之不告姓名而去春既富蕩心復熾自謂終身

不復羈旅也肥馬輕裘會酒徒徵絲管歌舞於娼樓一二

年間稍稍而盡衣服車馬易貴從賤去馬而驢去驢而徒

倏忽如初既復無計自歎於市發聲而老人至握手曰君

復如此奇哉吾將復濟子子春慚不應叟逼之唯謝而已

初心、

妍傒盡易、

公然貪許及
第別貪許、

萬室清忠、

有錢則名
教圓為え
之慨

叟曰明發復來前期處子赤忍愧而往得錢一千萬使人
送歸初發憤以此謀身李倫猗頓小豎耳既而心又幡然
縱適老情如故不二年貧逾舊曰復過叟於故處不勝自
愧掩面却走叟牽裾止之曰嗟乎拙謀也又與三千萬曰
此而不痊則子貧在膏肓矣子春意落拓邪遊無復顧者
獨叟三給我因謂曰吾得此人間之事可以立孤寒可以
心也子治生畢歲中元見我於老君祠前雙檜下子春
衣食於各教復圓矣重感深惠立事後唯叟所使叟曰
以觀族孤孀多寓淮南遂轉資揚州買良田百頃郭中起
甲第要路置邸百餘間悉召築獨分居第中婚嫁甥姪選

絧姻藏恩者眤之譬者復之既畢事遂飄然而去尋老叟廣

陵人譁誦其事諸趙開之喟然稱異後敬伯授東叟乃白

石生之徒趙廓自晉國脫廓後在香城修静多年白石念

之往傳以丹法令其自煉廓欲覓徒守爐遍訪不得因見

子春頗佳故以錢給之使其歷盡世味懵然自醒果如期

而至叟方嘯於二檜之陰遂與登華山雲臺峰入四十餘

里見一處空屋嚴潔非常人居彩雲遙覆鸞鶴飛翔其上

有正堂中有藥爐高九尺餘紫焰光發灼煥煥户九玉女

九金童環爐而立青龍白虎分據左右日將暮叟不復俗

裝乃黄冠道服持白右三九酒一巵令子春食畢舖虎皮

於西壁下令東向坐戒曰愼勿
語雖尊神惡鬼猛獸地獄
及君之親屬爲所困縛萬苦皆非眞實但當不動不語安
心莫懼終無所苦焗訖而去子諺視庭際唯一巨甕滿中
貯水叟適去雄戈乘騎徧滿崖谷呼叱震動天地一人稱
大將軍長丈餘人馬皆著金甲光芒射人親衛伏劍張弓
直入堂前叱曰何人敢不避左右抽劍逼問皆不對揮斬
擊射之聲如雷竟不應將軍者極怒而去俄而猛虎毒蛇
狻猊蝮蝎萬計哮吼爭攫爭欲搏噬或跳過其上子春神
色不動有頃而散忽大雨滂澍霹靂晦暝火輪走左右電
光掣後前勢若山川破裂水波及身端坐不顧未頃而將

七

軍復來、引牛頭獄卒奇貌鬼神將大鑊湯置前長槍兩义

周匝傳命曰不言姓名、即取置鑊中不應因執其妻於堦

下指曰言則免之又不應及鞭捶流血或射所煮燒苦不

苛忍妻號曰幸執巾櫛有年今爲尊鬼所執不敢望君餔

劍拝乞人輒無情乃忍惜一言乎終不顧將軍曰不能毒

汝妻耶令取到雉從脚寸寸到之妻叫哀急急子春不之

顧將軍曰妖術已成不可便居於世勒左右斬訖魂魄被

領見閻羅王曰此雲臺峰妖民也捉付獄中鎔銅鐵杖碓

擣磑磨火坑鑊湯刀山劍樹之苦無不備嘗然心念道士

之言亦似可忍絕不呻唫王曰此人陰賊不合作男酬生

地

爐中之刀
圭耳

俗情少義
大夫烈方
為字段愛
心苟生則
俗氣滿寥
臚矣

宋州單父縣丞王勸家生而多病、針灸醫藥罟無停日、所
嘗墜火墮床、痛苦不齊、終不失聲、及長其家目為啞女、同
鄉進士盧珪因媒氏求之以啞辭、盧曰、但問其賢可免長
舌之戒卒娶之、倏忽數年生一男盧復責其輕已怒擲其
兒於石應手而碎血濺數步子春愛生於心不覺忽其約
失聲云噫噫聲未絕見身坐故處曳亦在前始五更時矣、
爐中光焰穿屋大火四起道上歎曰措大悞余乃如是因
提其髮投水甕中騂息火息道士曰子之心喜怒哀懼惡
欲皆忘所未臻者愛耳向使子無噫聲吾之藥成子亦上
仙矣嗟乎仙材之難如此吾藥可重鍊而子之身猶為世

界所圍繞之哉，指呼使歸。子春強登基而觀，其爐已壞，中有鐵柱，大如臂，長數尺。叟脫衣，以刀削之。子春跪求姓氏。曰：余趙老人，今辭焦先生於河上，將化導吐蕃，再訪人合煉大丹也。子春既歸，深自刻責。因服曰石，後不復火食。後二年趙老來。甲午冬，吐蕃入貢，云聞聖人之後主中國。帝授成丹引去。厚賚之。丁酉秋，大雨連旬，穀洛之水〔先兆〕溢入洛陽宮，壞官寺民居，溺死六千餘人。先是，河南北、山東、淮南大水，利州南門外乃商賈交易之所。有道士羽衣襤褸，立稱人中，自言蜀中趙道士，賣葫蘆種，云不二年甚有用處。每一苗只生一顆，盤地而成，以白土盡樣於地以示人，其模甚大，逾時

掩耳道士

武氏

天網智相
其母預知
一應水禍

二王曇選

一丁超女

竟無人買皆云任人不足聽道士又常以兩手掩其耳急

走言風水之聲何太甚耶巷陌兒童競相隨而笑侮之時

呼為掩耳道士來年秋嘉陵江一夕沆漲漂流數百家水

方瀰渺遇見道士坐一大瓢出手掩耳大叫水聲風聲何

甚如是泛泛而去有司其養擬是隋故將趙昱曾平水患

封為神勇大將軍遣使致祭冬十月以武氏為才人始生

時李淳風開其聲曰此帝王也抱示之紿曰男李曰鳳頸

龍顏雖女必主天下年十四選入梁時揚州刺史王曇選

本琅琊人娶駕部郎中丁超女夢彩鳳集其身而有娠又

聞腹中聲寶誌謂曇曰生子當為神仙宗伯生名遠知少

九

清光聰敏博覽羣書易遇青丘元老授其微理越四日畫一字

而去始疑是庖犧氏云因作易總十五卷能知人生死一

日雷雨雲霧中一老人叱曰所減者書何在上帝命吾攝

六丁追取上方藥文自有飛天神王保護何得輒藏箱帙

遠知跪謝曰不敢復言人事矣神人不顧盡攝其書飛去

遠知師事陶弘景煬帝鎮揚州時起玉清玄壇邀遠知主

之使王子相柳顧言相次召之，徵君不以蒲輪寵董汁袁

敬伯攸一念之誤投身比穢坐失仙道尚欲以富貴誇之回心耳

耀山人諶其不悟耶老不怪亦使其歷盡世味方能無繫

子春三敗其業趙老不怪亦使其歷盡世味方能無繫種種怪異俱為可忍至於受身

德耳相資其定力守燼種種怪異俱為可忍至於受身

境界則誠難奏

王子相

柳顧言

○西域僧

○婆羅門僧

遠知述來斯須鬚髮變白、晉王懼遣之、頃仍復舊、唐祖龍

潛、遠知密陳符命、武德中帝在泰邸、與幕屬微服謁之、遂

知迎知謂曰、此中有聖人。得非秦王乎、以實告、遠知曰、方作

太平天子、顧自愛也。帝即位、將加重爵固靖、還山貞觀九

年、詔潤州茅山置太平觀并及二七人為道士、降璽書慰
（信是遠知○）

勉、及聞召武氏、謂弟子曰、禍水入宮矣、傳奕精究術數、遇

病不呼醫餌藥、有僧自西域來、能呪人立死、復呪即生、帝

試之驗、以告奕、奕曰、此邪術也、臣聞邪不干正、請使呪臣

帝命呪之、僧忽僵仆不復蘇、又有婆羅門僧誑尚浮屠、與
（天竺國西俗）

佛祖傳燈　卷十三第九節

2263

口魏王泰　晉王治　潘師正

刹利姓，二氏
族務貴種，
言得佛齒所擊輒碎長安士女輻湊奕謂子
曰吾聞金剛石者性至堅物莫能傷惟羚羊角能破之子
請往試應手而碎已亥冬奕年八十五臨終戒子母學佛
書嘗集魏晉來毀佛教者為高識傳十卷行世魏王泰修
括地志止之癸邪魏徵薨帝命圖二十四功臣於凌烟閣
太子謀刺泰廢之立晉王治為太子是年王遠知卒年一
百二十六歲預日謂徒潘師正曰浩氣虛懷語默一致涵
照朗鏡應物無私昨見仙格以吾小時誤損一童子吻不
得畫昇召為少室山伯故行在即翼日沐浴更衣焚香而
化有遺表奏聞贈諡昇玄先生即命師正為觀至恒與薛

肇盧溫為道友汴州行軍陸長源有女水習篁篌偶患熱

疾一夕夢使者云仙官乏解音聲處女命以樂隨及往同

肇可四十餘人冷奏樂奉客天曉送歸其疾後愈仙官即

河東薛君肇也始與同郡崔字趙州盧溫長洲李升讀書

盧山兼習吐納導引未幾崔赴試以明經擢第授京兆尉 c

李亦告歸求仕唯薛盧不易其志遇匡先生授道要丹成

遊行盧君往太白山訪仇真人薛君偶憩樹下其對門有

風勞疾者積年不愈薛以丹藥療之肌膚玉色鬚鬢青黑（伏筆）

其人感泣拜謝薛往遊維楊李生以門蔭知橘子禺為吏

欺隱欠折官錢數萬填纍纍不得東歸過揚州阿使橋逢

擎草履布衫與諸裹其襤褸筆貴之曰我貧賤何畏公不

作好裝身巴鞞之所且极回抱尚何面目于李愧謝薛曰

居處不遠明月將遣逆詰且一僕馳驟足來李乘字如風

疾過城南數十里路側朱門斜啟薛君出迎星冠霞服儀

從金剛侍婢數十邀李至中堂俄報二舅至則盧君也方

據朱履童子前導其意甚高貴揖坐共敘寒暄其堂殿窮換

庭井非凡宴饌殽核珍美日暮引入此亭細酌盧曰願與

公求佐酒者有女樂數十筆榼一女子捧篋而至再拜

姚坐容色艷麗新聲殊嘉李視其樂器上有朱字一行云

天際識歸舟雲間辨江樹盧曰莫顧婚姻否許為成之又

問所欠官錢多少曰二萬買薛曰弟歸無憂也從此自愛

毋獵身塵潤當得再賄如遇崔君可為寄語繁華易盡回

頭須早無使山中白雲久待耳纔曉仍令前馬送歸李至

寓僕馬自去欻室見牀下青蚨累累甚驚喜遂以完所欠

其年至汴州陸氏妻以女既婚頗類牝亭所觀者復解鎜

篋果有朱書天際之句問之妻曰少時兄弟所書也李生

復訪薛居唯荊蓁而已又至廬山踪跡一人獨於五老峰

前危坐言及薛君其人曰吾師也吾始患風癢垂斃師以

藥與服病痊神健南嶽君召師授職因留吾於此李生悵

然而返其岳陸長源從駕東征以子幼托家事於李是冬

隔李至京尋見崔宇告以其事相與入衡山追隙薛徒匡

智長安人棄妻子修道至匡廬默𠫤曰祖先生有得處也

遂結廬以居未幾患病幾死一婁至曰我姓薛知子好道

與汝成丹智服之即瘥更教之曰學仙者尚陽而賤陰故

遠麋而傍鹿智問麋鹿有別乎薛曰鹿山獸夏至解角陰

生而陽退也麋澤獸冬至解角陽生陰退之象也廬山陰

地仙不可得南有名山陽地後智至吉州義山立壇修數

載有姪大郎尋至同居一日有仙衣降下智取服之謂徒

■姪大郎
報曰將遊高麗之東數年終歸於此雲生足下昇去大郎

■十蓋蘇文
竟為地仙先是高麗泉蓋蘇文弒其主建立王弟子藏文蘇

■高麗建王
王

玉孚藏

□ 新羅

千 薛仁貴

□ 薛延陀

□ 勅勒

回紇

李勣

姓 徐世勣賜

至理絶言

自运生水卌改、東夷新羅國辰韓種也在高句驪東南遣

感人故姓泉、使亞唐言高麗絶其朝路乙巳帝親征高麗李靖為行軍

大總管薛仁貴陷陣無敵拜郎將帝以遼東早晚班師

丙午薛延陀別種、勅勒諸部回紇等十一姓皆遣使歸命

李靖請以兵法盡授李勣致仕還山丁未夏帝得風疾聞

蘇州周隱遙近千歲人居舟里村上有其祖廟楊帝聘主

問答不合乞歸帝召至内殿安置請問修習之道對曰原

所修者匹夫之志功不及物唯利一身豈著帝王修道一

言之利萬國蒙福得道之効速於常人臣區區之學非九

重萬乘之所修也遂懇還山帝從其所請戊申夏太白晝

見太史占云當女主昌民間又傳秘記云唐三世後女主

武王代有天下帝惡之密問淳風曰秘讖所云信有之乎

對曰臣稽天象察曆數兆在宮中不過三十年當王殺唐

子孫幾盡帝曰疑似者盡殺之何如曰天命人不能違王

者不死徒濫及無辜耳且自以往其人已老庶有慈心為

禍或淺雖欲易姓終不能絕唐帝有疾夢兼不寧如有祟

近寢殿命秦瓊尉遲恭侍衛祟不復作帝念其勞命圖像

門神

介冑執戈懸於宮門後世傳為門神巳酉夏帝崩年壽五十長

在位二十三長

長孫無忌

孫無忌摧遂良受遺詔輔政太子治立剃為高庚成改元永

畫裙遂良

徽立王氏為后衛公李靖於帝崩前數日忽卒興殯無屍

武……鄂公敬德晚年閒居學延年術餌雲母散奏清商樂

常跨牛背爲穩垂綸綠楊下、不交通賓客比十六年而卒、謚忠武唐末兵亂田夫啟共

墓見起坐惝中、神色自若鉏其骭白、血流出田夫懼欲掩之舉之已蛻化、在遷遂良爲同州刺

史隋時北海李清者世業染坊慕玄學多延齊魯術士終外姻族近數百家每生日則爭餽遺凡積百餘萬年大十

無所遇而勤求彌切家富於財素爲州里之豪子孫及內

九與前一句、大陳酒食召親戚謂曰布衣蔬食逾三十年。

爾輩每餽吾衣裝玩其纖之一室曾未閱視徒損爾覽竟

何爲哉幸天未錄吾魄行將又及生辰固知又營續壽之

禮所以先期止爾子孫皆曰非此何以展孝敬清曰若然

2271

各遺吾洪纖麻糜百尺總計可數百丈以此續壽不亦長
哉皆曰然尊者必有用情笑曰然須令爾知之吾妄意求
道勤勞曾無影響角期筋力不過二三年矣欲乘視聽步
復之尚能將行早志幸無吾阻蓋青州南十里高山俯壓
郡城峰頂中裂谺為關崖州人家家坐對嵐岫歸雲過鳥
歷歷盡見接絕曰雲門山俗謂劈山清曊意多時及是
謂曰雲門神仙之窟宅吾生曰坐大竹簀以轆轤縋下以
鐵糜為媒脫不可前當急引其媒則出吾設有所遇亦可
來歸子孫泣諫曰吾志也則私行矣眾知不可回共
沿其事及期片千百人競賫酒饌大會於山椒清乃揮手

2272

謝而入良久及地其中極暗仰視天如手掌捫四壁止

容兩席許東南有穴可俯僂而入乃棄簣遊焉初甚狹細

念亦勇猛

前往則可伸腰飢搤青泥啗之味頗美約行三十里晃朗

已逹仙境

微明俄及洞口山川雲樹宛非人間掬飲菊泉頗覺爽快

瞻望惟東南十數里瞥有人居徐步詣之斗絕一度虛級

陘峻而南向可以登陟遂虔誠而生頗懷恐懼及至窺其

堂字甚嚴中有道士四五人情扣其門青童故問答曰青

州染工李清童如言以報聞中堂曰李清伊來也乃令前

淯惶怖趨拜富軒一人語曰未宜來何即遠至俾遍拜諸

即

賢時日午有白髮翁自西門入謁曰蓬萊霞明觀丁尊師

新到衆聖命邀列真登上清赴會衆謂清且居此臨出頭

日慎無開北扉清遂視院宇啟東西門情意飄然自謂永

樓真境至堂此見戶斜掩偶出頭望下為青州宛然在目
倏然〜來〜晰

離思歸心良久方已悔恨之際諸真已返曰令汝勿犯忱

門竟爾自咸信知仙界不可妄至也因與舩中酒一甌其

色濃白飲畢復食炊燒芋二枚曰費熟鵝卵石也謂曰汝

可且歸清叩頭哀求且云無路卻返衆曰但閉目足至地

則到鄉也清流涕辭行或相謂曰既道其歸須令有以為

生清心恃家富訴此為不知已一人顧清曰汝於堂內閣
不能得仙·病·根在此

上取一軸書去既取復臥脫歸無倚可以此書自給清遂

閉目覺身如飛鳥但聞風水聲相激須臾履地開目即青
州之南門時後申未光景城隍阡陌彷彿如舊至於屋室
樹木已盡變換獨行竟日更無一相識者即詣故居朝來
之大宅宏門改張新舊曾無倣像左側有業桑者沒之與
語其人稱姓李指前後閒皆我祖嘗聞先祖於開皇
四年生日自縱南山不知所終問今何世唐永徽元年清
駭異良久乃更姓氏寓遊城邑閒所得書則幼科方也時
小兒疫癘清依方療治愈青州頓止同州猶盛辛亥春
褚遂良廣延醫者捐俸辦藥敬請率清云謝別門徒入泰
山去矣診氣期年乃息壬子春召遂良爲吏部尚書甲寅

◻武后

◻蕭妃

◻十二代

◻◯張恒

◻十三代

◻◯張光

春拜武才人為昭儀、夏閏月夜、山水大殷衝入玄武門薛

仁貴登門樞大呼、帝乘高避之、溺三千餘人、乙邜冬立

武氏為后、武后殺王后蕭妃、自此數見王蕭為祟、避居洛

陽、大設齋醮、請天師主事張通玄、年九十七、巳化子恒字

潤、經史過目悉不忘、帝初踐祚、召至問治安之道、對曰能

無為則天下治矣、上嘉之、尤善幻術、自言吾神仙中之歟

獵者一日自關潛歸、歎曰幾落世網、遂學道於家、嘗推甕

於室壁、對妻子茹葷飲酒、夜發視俱在甕中、其長子光、字德

紹、勵志於道、獨居石室修煉、垂三十年去歲、父命還家、襲

教傳授經籙、恒年九十八、而化、有使命至、令掌教設齋師

2276

曰儀家世尚清虛可得延松陽葉氏自有可觀處州葉

◎葉法善
法善字道元四代修道皆以陰功密行及劫召之術救物濟

○劉母
人母劉氏嘗寐夢流星入口吞之孕十五月而生年七歲

◎青童
溺於松陽江中三年復還父母問真故曰青童引我朝太
上飲以雲漿故少留耳弱冠身長九尺額有二午性淳和
潔白不茹葷辛常獨處幽室或遊林澤或訪雲泉年十五
時遊諸名山洞天中毒殆死復見青童曰天台苗君飛即

苗君
相救於是獲蘇又師青城山趙元陽受遁甲與杜陵韋善

趙元陽
俊長安傳八史東入蒙山神人授書詣嵩陽山嶽神授鈐

韋善俊

傅八史
遂入居邪酉山其門近山巨石當路每環廻為徑以避之

八

法善投符起石須臾飛去路乃平坦常遊括蒼向馬山石

室內過三神人皆錦衣寶冠謂之曰我奉太上命以密旨

告子子本太極紫微左仙卿以校錄不勤謫於人世速宜

立功濟世佐國功滿當復舊任以正一三五之法令投於

子勤行助化宜勉之自是誅蕩精怪掃藏鹵秩以救人為

志○有一鐵鏡鑑物如水人有疾照之盡見藏府滯物然後

療之叔曰靜能初與徒李鵾修於羅浮有神術時入值翰

林為國子祭酒人稱為法師有鄉貢李登詣告曰登自十
向不自知

六歲叩胃鄉薦凡經四舉不登一第何罪至此幸法師入

冥為勘此生如何靜能諾之曰蜀之梓潼有神曰此郭生

百葉靜能▶

三李鵾▶

山李登▶

北郭生

掌文昌職貢舉司祿之官當為汝叩之因上章過梓潼

進謁以登事為問請命一吏視籍生曰李登初賜玉印當

作狀元位至右相緣其得舉後淫人妻女偃兒屋基陷人

於獄為惡不悛已削去其籍矣靜能辭歸語登登愧恨死

之召至拜上卿法善辭謝請度為道士自號清溪道士至

靜能復為尚衣奉御常以此戒勵士夫知姪法善道行薦

是帝命修黃籙齋於天台山道田廣陵明晨將濟瓜洲江

于渡人犧待丙辰改元顯慶時季春晴暖煦澂清徹有黃

白二叟相謂曰乘間可以圍棊為適乎即向空召冥見俄

有州童出波衣無點濕一叟曰摯棊局與席來如命設席

沙上對坐納曰賭勝者食明日此來道士因太笑下子良、

久白衣曳起曰卿光奕幸無以味美見侵也相與凌波而

没渡人知其將害法善惶惑不寧及旦内穴駛至督偷舟

楫以咋所見具述法善禎至内穴以辭歇之從行董憂軫

靡遑法善微哂曰有是乎幸無掛意促解纜發盡尺而狂

浪昏瞳舟中人相顧失色

全籍玄壇籙

何愁洪水妖

李生既逢盧薛實知仙道之可求矣何不入山尋訪崔

生能棄官同往自是難得、

李靖醫磋上公風顧已酬歸山學道跡曰根器不凡亦

是英雄手段

李清奮志求仙而以一念之差復投塵世物是人非妻

京滿目幸而獲賜醫書得以濟溿要知苦海回頭便生

極樂若仙境回頭即隨苦海可不警乎